Esta coleção visa essencialmente o estudo da evolução do Homem sob os aspetos mais genericamente antropológicos – isto é, a visão do Homem como um ser que se destacou do conjunto da natureza, que soube modelar-se a si próprio, que foi capaz de criar técnicas e artes, sociedades e culturas.

O TOTEMISMO HOJE

Le Totemisme aujourd'hui

© Presses Universitaires de France

Tradução
José António Braga Fernandes Dias

Capa: FBA
Ilustração da capa baseada em um totem do Stanley Park, em Vancouver

Depósito Legal n.º

Biblioteca Nacional de Portugal – Catalogação na Publicação

LÉVI-STRAUSS, 1908-2009

O Totemismo hoje – (Perspectivas do homem; 26)

ISBN 978-972-44-1711-0

CDU 316
398

ISBN: 978-972-44-1711-0
ISBN da 1.ª edição: 972-44-0683-0

Paginação:
MA

Impressão e acabamento:
????????
para
EDIÇÕES 70, LDA.
Fevereiro de 2018

Direitos reservados para todos os países de língua portuguesa

EDIÇÕES 70, uma chancela de Edições Almedina, S.A.
Avenida Engenheiro Arantes e Oliveira, 11 – 3.º C – 1900-221 Lisboa / Portugal
e-mail: geral@edicoes70.pt

www.edicoes70.pt

Esta obra está protegida pela lei. Não pode ser reproduzida,
no todo ou em parte, qualquer que seja o modo utilizado,
incluindo fotocópia e xerocópia, sem prévia autorização do Editor.
Qualquer transgressão à lei dos Direitos de Autor será passível
de procedimento judicial.

O TOTEMISMO HOJE
CLAUDE LÉVI-STRAUSS

[...] as leis lógicas que finalmente governam o mundo intelectual são, por natureza, essencialmente invariáveis e comuns, não só a todos os tempos e a todos os lugares, mas a todos os assuntos também, sem nenhuma distinção mesmo entre os que chamamos reais e quiméricos: elas observam-se, no fundo, até nos sonhos [...]

Auguste Comte, *Cours de philosophie positive*, 52.ª lição.

INTRODUÇÃO

Com o totemismo e com a histeria é a mesma coisa. Quando nos decidimos a duvidar de que se possam arbitrariamente isolar certos fenómenos e agrupá-los entre si para fazer deles signos diagnósticos de uma doença ou de uma instituição objetiva, os próprios sintomas desapareceram, ou mostraram-se rebeldes às interpretações unificantes. No caso da «grande» histeria, explica-se por vezes esta mutação como um efeito da evolução social, que teria deslocado a expressão simbólica das perturbações mentais, do terreno somático para o terreno psíquico. Mas a comparação com o totemismo sugere uma relação de outra ordem entre as teorias científicas e o estado da civilização, na qual o espírito dos estudiosos intervém tanto ou mais do que o dos homens estudados: como se, ao abrigo da objetividade científica, os primeiros procurassem inconscientemente tornar os segundos — doentes mentais ou pretensos «primitivos» — mais diferentes do que o são. A voga da histeria e a do totemismo são contemporâneas, nasceram no mesmo meio civilizacional; e as suas desventuras paralelas explicam-se, antes de mais, pela tendência de certos ramos da ciência, no final do século XIX, para constituírem separadamente — e como gostariam de dizer, como «natureza» — fenómenos humanos que os eruditos preferiram manter exteriores ao seu universo moral, para assim proteger a boa consciência que sentiam em relação a este.

A primeira lição da crítica da histeria de Charcot, feita por Freud, foi convencer-nos de que não existe diferença essencial entre os estados de saúde e de doença mentais; que de um ao outro se produz, no máximo, uma modificação no desenrolar de operações gerais que qualquer um pode observar por sua conta; e que, consequentemente, o doente é nosso irmão, já que só o distingue de nós uma involução — menor em natureza, contingente na forma, arbitrária na definição e temporária, pelo menos por direito — de um desenvolvimento histórico que é fundamentalmente o de qualquer existência individual. Era mais confortável ver no doente um ser de uma espécie rara e singular, o produto objetivo de fatalidades externas e internas, como a hereditariedade, o alcoolismo ou a debilidade.

Do mesmo modo, para que o academismo pictural pudesse dormir em paz, não era possível que o Greco fosse um ser sadio, pronto a recusar certas maneiras de representar o mundo, mas um doente, de que as figuras alongadas mostravam uma má formação do globo ocular... Num caso como no outro, consolidavam-se na ordem da natureza modos da cultura que, se assim fossem reconhecidos, teriam imediatamente provocado a particularização de outros modos, a que estava atribuído um valor universal. Ao fazer do histérico, ou do pintor inovador, seres anormais, davamo-nos ao luxo de acreditar que eles não nos diziam respeito nem que punham em causa, pelo simples facto da sua existência, uma ordem social, moral ou intelectual aceite.

Nas especulações que deram origem à ilusão totémica, encontra-se a influência dos mesmos motivos e o rasto dos mesmos procedimentos. Sem dúvida, já não se trata diretamente da natureza (embora, como veremos, apareça muitas vezes o recurso a crenças ou atitudes «instintivas»). Mas a noção de totemismo podia ajudar a distinguir as sociedades de um modo quase tão radical, se não lançando sempre algumas *na* natureza (o termo *Naturvölker* ilustra bem esta opção) pelo menos classificando-as em função da sua atitude *perante* a natureza, tal como se exprime pelo lugar atribuído ao homem na série animal, e pelo conhecimento ou a suposta ignorância do mecanismo da procriação. Não é por isso um acaso que Frazer tenha amalgamado o totemismo e a ignorância da paternidade fisiológica: o totemismo aproxima o homem do animal, e a pretensa ignorância do papel do pai na conceção leva à substituição do genitor humano por espíritos, mais próximos ainda das forças naturais. Este «partido da natureza» oferecia uma pedra de toque que permitia isolar, no próprio seio da cultura, o selvagem do civilizado.

INTRODUÇÃO

Nada podia ser mais cómodo para manter na sua integridade e, ao mesmo tempo, para fundar os modos de pensamento do homem normal, branco e adulto, do que reunir fora de si costumes e crenças — na verdade, muito heterogéneas e dificilmente isoláveis — em torno dos quais se viriam a cristalizar, numa massa inerte, ideias que pudessem ser menos inofensivas, se viesse a ser necessário reconhecer a sua presença e a sua atividade em todas as civilizações, inclusive a nossa. O totemismo é, antes de tudo, a projeção fora do nosso universo, e como que por exorcismo, das atitudes mentais incompatíveis com a exigência de uma descontinuidade entre o homem e a natureza, que o pensamento cristão considerava essencial. Pensava-se então validá-la, fazendo da exigência inversa um atributo dessa «natureza segunda» que o homem civilizado confeciona, com os estados «primitivos» ou «arcaicos» do seu próprio desenvolvimento; e na vã esperança de se libertar dela ao mesmo tempo que da primeira.

No caso do totemismo, isto é tanto mais oportuno quanto o sacrifício, de que persiste a noção no seio das grandes religiões do Ocidente, levantava uma dificuldade do mesmo tipo. Todo o sacrifício implica uma solidariedade de natureza entre o oficiante, o deus e a coisa sacrificada, quer esta seja um animal, uma planta ou um objeto tratado como se fosse vivo, já que a sua destruição só é significativa sob a forma de holocausto. Assim, também a ideia do sacrifício tem em si o germe de uma confusão com o animal, que se arrisca mesmo a ultrapassar o homem, estendendo-se até à divindade. Amalgamando o sacrifício e o totemismo, obtinha-se o modo de explicar o primeiro como uma sobrevivência ou um vestígio do segundo, e de esterilizar assim as crenças subjacentes, ao desembaraçá-las de tudo o que pudesse ter de impuro uma ideia do sacrifício viva e ativa; ou, pelo menos, ao dissociar esta noção para distinguir dois tipos de sacrifício, diferentes pela origem e pela significação.

Ao sublinharem à partida o caráter suspeito da hipótese totémica, estas considerações ajudam a entender o seu destino singular. Porque se espalhou com uma extraordinária rapidez, invadindo o campo integral da etnologia e da história religiosa. E contudo, podemos perceber agora que os sinais anunciadores da sua ruína foram quase contemporâneos do seu período triunfante: esboroava-se já, no momento em que parecia mais firme.

No seu livro *L'Etat actuel du problème totémique* — curiosa mistura de informação erudita, de parcialidade, até de incompreensão, aliada a uma audácia teórica e a uma liberdade de espírito pouco comuns —, Van Gennep escrevia, no fim do prefácio, datado de abril de 1919:

> «O totemismo já exercitou a sagacidade e a engenhosidade de muitos estudiosos; e há todas as razões para crer que assim será por muitos anos.»

O prognóstico explica-se alguns anos após a publicação da monumental obra de Frazer, *Totemism and Exogamy*, durante os quais a revista internacional *Anthropos* abrira uma tribuna permanente sobre o totemismo que ocupava um lugar importante em cada número. Mesmo assim, era difícil cometer um engano maior. O livro de Van Gennep seria o último trabalho de conjunto consagrado à questão, e a esse título permanece indispensável. Mas, longe de representar a primeira etapa de uma síntese destinada a desenvolver-se, foi antes o canto do cisne das especulações sobre o totemismo. E é na linha dos primeiros trabalhos de Goldenweiser [1] ([1]), que Van Gennep afastou com desdém, que seria conduzida sem descanso a empresa, hoje vitoriosa, de desagregação.

Para este nosso trabalho, iniciado em 1960, o ano de 1910 é um ponto de partida cómodo: a exata distância de meio século, e o facto de em 1910 terem aparecido duas obras de dimensões muito desiguais, muito embora as 110 páginas de Goldenweiser [1] viessem a exercer uma influência teórica mais durável do que os quatro volumes de Frazer, que somaram 2200 páginas... No mesmo momento em que Frazer publicava, depois de os ter reunido, a totalidade dos factos então conhecidos, para fundar o totemismo como sistema e lhe explicar a origem, Goldenweiser contestara que houvesse o direito de sobrepor três fenómenos: a organização clânica, a atribuição aos clãs de nomes

---

([1]) V. Bibliografia.

ou emblemas animais e vegetais, e a crença num parentesco entre o clã e o seu totem; na realidade, os seus contornos só coincidem numa minoria de casos, e cada um pode estar presente sem os outros.

Assim, os índios do rio Thompson têm totens mas não clãs, os Iroqueses têm clãs com nomes de animais que não são totens, enquanto os Yukhagir, que são divididos em clãs, têm crenças religiosas em que os animais têm um papel importante, mas por intermédio de xamãs individuais e não de grupos sociais. O pretenso totemismo escapa a qualquer esforço de definição no absoluto. No máximo, consiste numa disposição contingente de elementos não específicos. É uma reunião de particularidades empiricamente observáveis num certo número de casos, sem que dela resultem nenhumas propriedades originais; mas não é uma síntese orgânica, um objeto da natureza social.

Após a crítica de Goldenweiser, o lugar atribuído ao problema totémico nos tratados americanos não para de diminuir com o correr dos anos. Na tradução francesa de *Primitive Society* de Lowie, ainda são reservadas ao totemismo oito páginas: para condenar a empresa de Frazer primeiro, para depois resumir e aprovar as primeiras ideias de Goldenweiser (e com a reserva de que a sua definição do totemismo como «socialização dos valores emocionais» é demasiado ambiciosa e demasiado geral: se os indígenas de Buin têm perante os seus totens uma atitude quase religiosa, os totens dos Kariera da Austrália Ocidental não são objeto de nenhum tabu, nem são venerados). Mas Lowie acusa Goldenweiser de ter recuado no seu ceticismo sobretudo, e de ter admitido uma conexão empírica entre o totemismo e a organização clânica: contudo, os Crow, os Hidatsa, os Gros--Ventre e os Apaches têm clãs sem nomes totémicos, e os Aranda têm grupos totémicos distintos dos seus clãs. E Lowie conclui:

> «Declaro não estar convencido de que a realidade do fenómeno totémico esteja demonstrada, apesar da perspicácia e erudição que se despenderam com esse fim» (p. 151).

A partir daí, a liquidação acelera-se. Comparem-se as duas edições da *Anthropology* de Kroeber. A de 1923 tem ainda numerosas referências, mas o problema só é aí tratado para distinguir os clãs e as metades, como método de organização social, e o totemismo, como sistema simbólico. Não há conexão necessária entre os dois, há no máximo uma conexão de facto que põe um problema não resolvido. E apesar das 856 páginas da edição de 1948, o índice — que tem, contudo, 39 páginas — não contém mais do que uma referência; que é de resto uma nota acidental a propósito de uma pequena tribo do Brasil Central, os Canela:

> «[...] o segundo par de metades [...] não se refere às alianças matrimoniais: é totémico — quer dizer, certos animais ou objetos naturais servem para representar simbolicamente cada metade» (p. 396).

Voltemos a Lowie: em *An Introduction to Cultural Anthropology* (1934), discute o totemismo em meia página, e o seu segundo tratado de sociologia primitiva — *Social Organization* (1948) — menciona uma única vez, e de passagem, a palavra «totemismo», para explicar a posição do P.e Schmidt.

Em 1938, Boas publica *General Anthropology*, tratado de 718 páginas redigido com a colaboração dos seus alunos. A discussão do totemismo cabe em 4 páginas, de Gladys Reichard. Sob o nome de totemismo, observa, reuniram-se fenómenos heterogéneos: repertórios de nomes ou de emblemas, a crença numa relação sobrenatural com seres não humanos, proibições que podem ser alimentares, mas que não o são obrigatoriamente (por exemplo, andar na erva e comer de uma tigela em St.ª Cruz; tocar num corno ou num feto de bisonte, ou ainda em carvão ou em verdete, insetos ou vermes, entre os índios Omaha), e certas regras de exogamia. Estes fenómenos estão associados quer a grupos de parentesco, quer a confrarias militares ou religiosas, quer a indivíduos. No fim de contas:

> «Escreveu-se demasiado sobre o totemismo [...] para que pudesse ser deixado de fora [...] Mas os modos como se manifesta são tão diversos em cada parte do mundo, as semelhanças são tão superficiais, e os fenómenos podem aparecer em tantos contextos sem relação com uma consanguinidade real ou suposta, que é absolutamente impossível fazê--los entrar numa única categoria» (p. 430).

INTRODUÇÃO

Em *Social Structure* (1949), Murdock desculpa-se por não tratar do totemismo, apontando que intervém muito pouco no domínio das estruturas formais:

«[...] supondo que os grupos sociais tenham de ser nomeados, os termos animais têm tantas hipóteses de ser utilizados quanto quaisquer outros» (p. 50).

Um curioso estudo de Linton contribuiu certamente para a indiferença crescente dos estudiosos americanos perante um problema anteriormente tão debatido.

Durante a Primeira Guerra Mundial, Linton pertencera à 42.ª Divisão ou Divisão Arco-Íris, escolhida não arbitrariamente pelo Estado-Maior, já que esta divisão reunia unidades provindas de numerosos Estados, de modo que as cores dos seus regimentos eram tão diferentes quanto as do arco-íris. Mas, desde o momento em que a divisão chegou a França, esta designação entrou no uso quotidiano: «Sou um Arco-íris» era o que os soldados respondiam à pergunta: «A que unidade pertence?»

Por volta de fevereiro de 1918, ou seja, cinco ou seis meses depois de a divisão ter recebido o seu nome, era aceite em geral que a aparição de um arco-íris constituía um feliz presságio. Três meses mais tarde, afirmava-se — mesmo apesar de condições meteorológicas incompatíveis — que se via um arco-íris de todas as vezes que a divisão entrava em ação.

Em maio de 1918, a 42.ª Divisão estava desdobrada junto da 77.ª, que ornava os equipamentos com o seu emblema distintivo, a Estátua da Liberdade. A Divisão Arco-íris adotou este uso, imitando-o da sua vizinha, mas também com a intenção de dela se distinguir. Por agosto-setembro, o uso de uma insígnia com a imagem do arco-íris tornara-se generalizado, mau grado a crença de que o uso de insígnias distintivas se originara numa punição infligida a uma unidade derrotada. De modo que, no fim da guerra, o corpo expedicionário americano estava organizado «numa série de grupos bem definidos e por vezes invejosos uns dos outros, e cada um se caracterizava por um conjunto particular de ideias e de práticas» (p. 298). O autor enumera: 1) a divisão em grupos conscientes da sua individualidade; 2) o uso, por cada grupo, de um nome de animal, de objeto, ou de fenómeno natural; 3) a utilização deste nome como termo de tratamento nas conversas com os estrangeiros; 4) o uso de um emblema, figurado nas armas coletivas e nos equipamentos, com um tabu correspondente do uso do emblema pelos outros grupos; 5) o respeito do «padrão» e da sua representação figurada; 6) a crença confusa no seu papel protetor e no seu valor de presságio. «Praticamente nenhum investigador, ao encontrar este estado de coisas numa população não civilizada, hesitará em juntar este conjunto de crenças e costumes ao complexo totémico [...] O conteúdo, aqui, é muito pobre, se comparado com o totemismo altamente desenvolvido dos Australianos e dos Melanésios, mas é tão rico quanto os complexos totémicos das tribos norte-americanas. A principal diferença, em relação ao verdadeiro totemismo, está na ausência de regras de casamento e de crenças num laço de filiação, ou de parentesco simples, com o totem.» E contudo, faz notar Linton na conclusão, estas crenças são função da organização clânica mais do que do totemismo propriamente dito, porque não o acompanham sempre.

Todas as críticas evocadas até aqui são americanas; não que se atribua um lugar privilegiado à etnologia americana, mas é um facto histórico que a desintegração do problema totémico começou nos Estados Unidos (apesar de algumas páginas proféticas de Tylor, que ficaram sem efeito, e às quais haveremos de voltar) e que aí foi tenazmente prosseguida. Para nos convencer de que não se trata só de um desenvolvimento local, basta considerar rapidamente a evolução das ideias em Inglaterra.

Em 1914, um dos mais ilustres teóricos do totemismo, W. H. R. Rivers, definia-o pela coalescência de três elementos. Um elemento social: conexão de uma espécie animal ou vegetal, ou de um objeto inanimado, ou ainda de uma classe de objetos inanimados, com um grupo definido da comunidade, e, tipicamente, com um grupo exogâmico ou clã. Um elemento psicológico: crença numa relação de parentesco entre os membros do grupo e o animal, planta ou objeto, que se exprime frequentemente pela ideia de que o grupo humano saiu dele por filiação. Um elemento ritual: respeito prestado ao animal, planta ou objeto, que se manifesta tipicamente na interdição de comer o animal ou a planta, ou então de utilizar o objeto, salvo sob certas restrições. (Rivers, vol. II, p. 75.)

INTRODUÇÃO

Como as ideias dos etnólogos ingleses contemporâneos serão analisadas e discutidas no prosseguimento deste trabalho, oporemos aqui, a Rivers, somente um manual de uso corrente, primeiro:

«Vê-se que o termo "totemismo" foi aplicado a uma variedade incrível de relações entre os seres humanos e as espécies ou fenómenos naturais. É assim impossível chegar-se a uma definição satisfatória do totemismo, embora se tenha muitas vezes tentado [...] Qualquer definição do totemismo é, ou bem tão específica, que exclui muitos sistemas mesmo assim chamados, correntemente, "totémicos", ou bem tão geral, que inclui todos os tipos de fenómeno que não deveriam ser assim designados» (Piddington, pp. 203–204).

e depois o *consensus* mais recente, como vem expresso na 6.ª edição (1951) das *Notes and Queries on Anthropology*, obra coletiva publicada pelo Royal Anthropological Institute (²):

«No sentido mais lato, pode falar-se de totemismo quando: 1) a tribo ou grupo [...] é constituído por grupos (totémicos) entre os quais se reparte a totalidade da população, e de que cada um mantém certas relações com uma classe de seres (totem) animados ou inanimados; 2) as relações entre os grupos sociais e os seres, ou objetos, são todas geralmente do mesmo tipo; 3) nenhum membro de um grupo pode (salvo em circunstâncias especiais, como a adoção) mudar de grupo de pertença.»

Acrescentam-se 3 condições subsidiárias a esta definição:

«[...] a noção de relação totémica implica que esta se verifique entre um membro qualquer da espécie e um membro qualquer do grupo. Regra geral, os membros de um mesmo grupo totémico não podem casar-se entre si.

Por vezes, observam-se regras de conduta obrigatória [...] às vezes a proibição de consumir a espécie totémica; às vezes termos de tratamento especiais, o emprego de ornamentos ou emblemas, e uma conduta prescrita[...]» (p. 192).

(²) O texto é, de resto, retomado sem modificações assinaláveis de edições anteriores.

Esta definição é mais complexa e mais matizada do que a de Rivers. Embora uma e outra sejam definições em três pontos. Mas os três pontos das *Notes and Queries* diferem dos de Rivers. O ponto 2 (crença num parentesco com o totem) desapareceu; os pontos 1 e 3 (conexão entre classe natural e grupo «tipicamente» exogâmico, proibição alimentar como forma «típica» do respeito) são relegados, com outras individualidades, para condições subsidiárias. No seu lugar, as *Notes and Queries* enumeram: a existência, no pensamento indígena, de uma dupla série, uma «natural», outra social; a homologia das relações entre os termos das duas séries; e a constância destas relações. Por outras palavras, do totemismo a que Rivers queria dar um *conteúdo*, ficou só uma *forma*:

> «O termo totemismo aplica-se a uma forma de organização social e de prática mágico-religiosa, caracterizada pela associação de certos grupos (normalmente clãs ou linhagens), interiores a uma tribo, a certas classes de coisas animadas ou inanimadas, associando cada grupo a uma classe diferente» (ibid.).

Mas esta prudência perante uma noção, que só nos resignamos a conservar após a esvaziarmos da sua substância, e, de certo modo, desencarnada, só aumenta o alcance da advertência geral que Lowie dirigiu aos inventores de instituições:

> «É necessário saber-se se comparamos realidades culturais, ou somente fantasmas saídos dos nossos modos lógicos de classificação» (Lowie [4], p. 41).

A passagem de uma definição concreta do totemismo a uma definição formal remontou, de facto, a Boas. Desde 1916, e visando Durkheim tanto quanto Frazer, contestava que os fenómenos culturais possam ser reduzidos à unidade. A noção de «mito» é uma categoria do nosso pensamento que usamos arbitrariamente para reunir no mesmo vocábulo tentativas de explicação de fenómenos naturais, obras de literatura oral, especulações filosóficas, e casos de emergência de processos linguísticos à consciência do sujeito. Da mesma maneira,

INTRODUÇÃO

o totemismo é uma unidade artificial que só existe no pensamento do etnólogo, e a que nada de específico corresponde exteriormente.

Quando se fala de totemismo, confundem-se com efeito dois problemas: primeiro, o posto pela identificação frequente de seres humanos com plantas ou animais, e que remete para perspetivas muito gerais sobre as relações do homem e da natureza; relações que interessam à arte e à magia, tanto quanto à sociedade e à religião. O segundo problema é o da denominação dos grupos fundados no parentesco, que pode fazer-se com a ajuda de vocábulos animais ou vegetais, mas também de muitas outras maneiras. O termo totemismo só recobre os casos de coincidência entre as duas ordens.

Acontece que, em certas sociedades, se aproveita uma tendência muito geral para postular relações íntimas entre o homem e os seres ou objetos naturais, para qualificar concretamente classes de parentes ou assim supostos. Para que tais classes subsistam sob uma forma distinta e durável, é necessário que essas sociedades possuam regras de casamento estáveis. Pode então afirmar-se que pretenso totemismo supõe sempre certas formas de exogamia. Neste ponto, Van Gennep interpretou mal Boas: este contenta-se em afirmar a prioridade lógica e histórica da exogamia sobre o totemismo, sem pretender que o segundo seja um resultado, ou uma consequência, da primeira.

A própria exogamia pode ser concebida e praticada de duas maneiras. Os Esquimós restringem a unidade exogâmica à família definida por laços de parentesco reais. Sendo o conteúdo de cada unidade estritamente fixado, a expansão demográfica desencadeia a criação de unidades novas. Os grupos são estáticos; como se definem em compreensão, não têm capacidade de integração, e só subsistem com a condição de projetar, se assim pode ser dito, indivíduos para fora. Esta forma de exogamia é incompatível com o totemismo, porque as sociedades que a aplicam são — pelo menos neste plano — desprovidas de estrutura formal.

Pelo contrário, se o próprio grupo exogâmico é capaz de extensão, a forma do grupo mantém-se constante: é o conteúdo de cada um que cresce. Torna-se impossível definir a pertença ao grupo diretamente, por meio de genealogias empíricas. Daí a necessidade:

1.º De uma regra de filiação não equívoca, como a filiação unilateral;
2.º De um nome ou, no mínimo, de uma marca diferencial, transmitida por filiação, e que substitui o conhecimento dos laços reais.

Regra geral, as sociedades deste último tipo verão diminuir progressivamente o número dos seus grupos constitutivos, porque a evolução demográfica provocará a extinção de uns tantos. Na falta de um mecanismo institucional que permita a fissão dos grupos em expansão, restabelecendo o equilíbrio, esta evolução conduziria a sociedades reduzidas a dois grupos exogâmicos. O que poderia ser uma origem das organizações ditas dualistas.

Por outro lado, em cada sociedade, as marcas diferenciais devem ser formalmente do mesmo tipo, diferindo umas das outras pelo conteúdo. De outro modo, um grupo definir-se-ia pelo nome, um outro, pelo ritual, um terceiro, pelo brasão... Existem, contudo, casos deste tipo, raros na verdade, que provam que a crítica de Boas não foi levada suficientemente longe. Mas estava no bom caminho, quando concluía:

> «[...] a homologia das marcas distintivas das divisões sociais no interior de uma tribo, prova que o seu uso tem origem numa tendência para a classificação» (Boas 2, p. 323).

Em suma, a tese de Boas, desconhecida por Van Gennep, volta a afirmar que é condição necessária do totemismo a formação de um sistema, no plano social. E por isso exclui os Esquimós, cuja organização social é não sistemática; e exige a filiação unilinear (a que pode acrescentar-se a filiação bilinear, que é um desenvolvimento, por composição, da primeira, mas que erradamente se confunde muitas vezes com a filiação indiferenciada), porque é a única estrutural.

O recurso por parte do sistema a nomes animais e vegetais é um caso particular de um método de denominação diferencial, com características permanentes, seja qual for o tipo de denotação empregado.

É aqui, talvez, que o formalismo de Boas falha o seu alvo: porque se os objetos denotados devem, como ele afirma, constituir um sistema, o modo de denotação também deve ser sistemático, para cumprir integralmente a sua função; a regra de homologia formulada por Boas é demasiado abstracta e demasiado esvaziada para satisfazer esta exigência. Conhecem-se sociedades que não a respeitam, sem que possa excluir-se que os desvios diferenciais mais complexos que utilizam não formem um sistema também. Inversamente, põe-se a questão de saber porque é que os reinos animal e vegetal oferecem uma nomenclatura privilegiada para denotar o sistema sociológico; e que relações existem logicamente entre o sistema denotativo e o sistema denotado. O mundo animal e o mundo vegetal não são utilizados só por existirem, mas porque propõem ao homem um método de pensamento. A conexão entre a *relação do homem com a natureza* e a *caracterização dos grupos sociais* que Boas considera contingente e arbitrária só aparece assim porque a ligação real entre as duas ordens é indirecta, e porque passa pelo espírito. Este postula uma homologia, não tanto no seio do sistema denotativo, mas *entre os desvios diferenciais* que existem, por um lado entre a espécie x e a espécie y, por outro entre o clã a e o clã b.

É sabido que o inventor do totemismo no plano teórico foi o escocês McLennan, nos seus artigos na *Fortnightly Review* intitulados «The Worship of Animal and Plants», onde se encontra a fórmula célebre: o totemismo é o fetichismo mais a exogamia e a filiação matrilinear. Mas bastaram 30 anos para que se formulassem uma crítica próxima, até nos termos, da de Boas, e ainda os desenvolvimentos que esboçamos no fim do parágrafo precedente. Em 1899, Tylor publicava dez páginas sobre o totemismo: as suas «notas» teriam evitado muitas divagações antigas ou recentes, se não estivessem a ir tanto contra a corrente. Antes de Boas, Tylor tinha desejado que, ao avaliar o lugar e a importância do totemismo,

> «[...] se tenha em conta a tendência do espírito humano para esgotar o universo por meio de uma classificação (to classify out the universe)» (p. 143).

Deste ponto de vista, o totemismo pode definir-se como a associação de uma espécie animal a um clã humano. Mas, prossegue Tylor:

«Aquilo contra que não hesito em protestar é a maneira como se pôs os totens na base da religião, ou quase. O totemismo, encarado pelo que ele é, um subproduto da teoria do direito, e saído do imenso contexto da religião primitiva, viu-se atribuir uma importância desproporcionada com o seu verdadeiro papel teológico» (p. 144).

E conclui:

«É mais prudente esperar [...] até que o totem seja reconduzido às suas proporções nos esquemas teológicos da humanidade. Tão-pouco tenho a intenção de realizar uma discussão detalhada das observações sociológicas que se invocam para dar ao totemismo uma importância social ainda maior do que no plano religioso [...] A exogamia pode existir, e existe, de facto, sem o totemismo [...] mas a frequência da sua combinação sobre 3/4 da terra mostra quão antiga e eficaz teve de ter sido a ação dos totens, para consolidar os clãs, e para os aliar uns aos outros até formarem o círculo maior da tribo» (p. 148).

O que é um modo de pôr o problema da potência lógica dos sistemas denotativos apropriados dos reinos naturais.

CAPÍTULO I

A ILUSÃO TOTÉMICA

Aceitar como tema de discussão uma categoria que se crê ser falsa expõe-nos sempre a um risco: o de se alimentar, pela atenção que se lhe presta, alguma ilusão sobre a sua realidade. Para melhor cercar um obstáculo impreciso, acentuam-se contornos de que só se desejara mostrar a inconsistência; já que, na oposição a uma teoria mal fundada, a crítica é presumivelmente um modo de lhe prestar homenagem. O fantasma, evocado imprudentemente na esperança de o conjurar definitivamente, desapareceu só para surgir de novo, e menos longe do que se imagina do lugar em que antes aparecera.

Talvez fosse mais sábio deixar cair no esquecimento as teorias em desuso, e não despertar os mortos. Mas por outro lado, como diz o velho Arkel, a História não produz acontecimentos inúteis. Se, durante tantos anos, grandes espíritos se deixaram fascinar por um problema que hoje nos parece irreal, sem dúvida apercebiam confusamente, sob uma falsa aparência, problemas arbitrariamente agrupados e mal analisados, mas, contudo, dignos de interesse. Como os atingir, para propor uma interpretação diferente, sem recair nesse mesmo itinerário que, embora não nos conduza a lado algum, poderá incitar-nos a procurar um outro caminho, e talvez ajudar-nos a traçá-lo?

Cético à partida sobre a realidade do totemismo, tem de se precisar que o termo totemismo será empregado à maneira de uma citação inspirada pelos autores que vamos discutir. Seria pouco cómodo pô-lo sempre entre aspas, ou acrescentar-lhe o epíteto «pretenso». As necessidades de diálogo autorizam concessões de vocabulário. Mas as aspas e o epíteto estarão sempre subentendidos no nosso pensamento, e seria errado opormo-nos a tal frase ou expressão, que poderia contradizer uma convicção nitidamente expressa.

Dito isto, tentemos definir do exterior, e nos seus aspectos mais gerais, o campo semântico no seio do qual se situam os fenómenos normalmente agrupados sob o nome de totemismo.

Com efeito, neste caso como noutros, o método que nos propomos seguir consiste:

1.º Em definir o fenómeno sob estudo como uma relação entre dois ou vários termos reais ou virtuais;
2.º Em construir o quadro das permutações possíveis entre estes termos;
3.º Em tomar este quadro como objeto geral de uma análise que, a este nível, só pode atingir conexões necessárias; não sendo o fenómeno empírico encarado à partida senão como uma combinação possível entre outras, de que se deve reconstruir anteriormente o sistema total.

O termo totemismo recobre relações, idealmente postas, entre duas séries, uma *natural*, outra *cultural*. A série natural compreende, por um lado, *categorias*, e, por outro, *indivíduos*; a série cultural compreende *grupos* e *pessoas*. Todos estes termos são arbitrariamente escolhidos, para distinguir, em cada série, dois modos de existência coletiva e individual, e para evitar confundir as séries. Mas, neste estado preliminar, poderiam utilizar-se quaisquer termos, desde que sejam distintos:

NATUREZA	Categoria.	Indivíduo.
CULTURA	Grupo.	Pessoa.

Há quatro modos de associar, dois a dois, termos provindos de séries diferentes, ou melhor, de satisfazer mais facilmente a hipótese inicial de que existe uma relação entre as duas séries:

	1	2	3	4
NATUREZA	Categoria	Categoria	Indivíduo	Indivíduo
CULTURA	Grupo	Pessoa	Pessoa	Grupo

A cada uma destas quatro combinações correspondem fenómenos observáveis numa ou em várias populações. O totemismo australiano, nas suas modalidades ditas «social» e «sexual», postula uma relação entre uma categoria natural (espécie animal ou vegetal, ou classe de objetos ou de fenómenos) e um grupo cultural (metade, secção, subsecção, confraria religiosa, ou o conjunto das pessoas do mesmo sexo); a segunda combinação corresponde ao totemismo «individual» dos índios da América do Norte, em que o indivíduo procura, através de provações, congraçar-se com uma categoria natural. Como exemplo da terceira combinação, cito Mota, nas ilhas Banks, em que a criança é suposto ser a encarnação de um animal ou de uma planta, que a mãe encontrou ou comeu no momento em que teve consciência da sua gravidez; pode acrescentar-se o exemplo de certas tribos do grupo Algonkin que supõem que se estabelece uma relação particular entre o recém-nascido e tal animal que tenha sido visto a aproximar-se da cabana familiar. A combinação grupo-indivíduo encontra-se em África e na Polinésia, de todas as vezes que certos animais (lagartos vigilantes na Nova Zelândia, crocodilos sagrados e «margai» do leão ou da pantera em África) são objeto de uma proteção e de uma veneração coletivas; é possível que os antigos Egípcios tenham tido crenças deste tipo, a que se aparentam também os *ongon* da Sibéria, embora se trate não de animais reais, mas de figurações tratadas pelo grupo como se fossem vivas.

Logicamente falando, as quatro combinações são equivalentes, já que são engendradas pela mesma operação. Mas só as duas primeiras foram incluídas na área do totemismo (tendo-se discutido qual seria a primitiva, qual a derivada), enquanto as duas últimas só o foram de modo indireto, uma como um esboço (o que Frazer fez para Mota), a outra como um vestígio. Numerosos autores preferem mesmo deixá-las completamente de fora.

Portanto, a ilusão totémica assenta teoricamente numa distorção do campo semântico de que são parte fenómenos do mesmo tipo. Certos aspetos do campo foram privilegiados em detrimento de outros, para lhes conferir uma originalidade e uma estranheza que não lhes pertence: tornavam-se misteriosos pelo simples facto de serem subtraídos do sistema de que faziam parte integralmente, como transformações suas. Distinguir-se-iam, pelo menos, por uma «presença» e uma coerência maiores do que nos outros aspetos? Para nos convencermos de que o seu valor aparente provém de um recorte errado da realidade, basta considerar alguns exemplos, a começar por aquele que está na base de todas as especulações sobre o totemismo.

Sabe-se que a palavra *totem* foi formada a partir do *ojibwa*, língua *algonkin* da região a norte dos Grandes Lagos da América Setentrional. A expressão *ototeman*, que significa aproximadamente «é da minha parentela», decompõe-se em: *o* inicial sufixo da 3.ª pessoa, *-t-* epêntese (para obstar à confusão das vogais), *-m-* possessivo, *-an* sufixo da 3.ª pessoa; finalmente, *-ote*, que exprime o parentesco entre Ego e um germano masculino ou feminino, e que define assim o grupo exogâmico no nível de geração do sujeito. Exprime-se assim a pertença clânica: *makwa nindotem* «o urso é o meu clã»; *pindiken nindotem* «Entra, meu irmão de clã», etc. De facto, os clãs Ojibwa usam sobretudo nomes de animais, o que Thavenet — missionário francês que viveu no Canadá no final do século XVIII e princípio do XIX — explicava pela lembrança que cada clã teria preservado de um animal da sua terra de origem: o mais belo, o mais amigável, o mais temido, o mais comum; ou o que habitualmente se caça (Cuoq, pp. 312-313).

Este sistema de denominação coletiva não deve ser confundido com a crença que os Ojibwa também têm de que cada indivíduo pode estabelecer uma relação com um animal que se tornará no seu espírito de guarda. O único termo registado que designa este espírito de guarda individual foi transcrito *nigouimes* por um viajante de meados do século XIX; não tem pois nada que ver com o totem ou com outra expressão do mesmo tipo. Na realidade, os estudos sobre os Ojibwa demonstram que a primeira descrição da pretensa instituição do «totemismo» — que se deve ao comerciante e intérprete inglês Long do final do século XVIII — resulta de uma confusão entre o vocabulário clânico (em que os nomes animais correspondem a designações coletivas) e as crenças relativas aos espíritos de guarda (que são protetores individuais) (*Handbook of North American Indians*, art. «Totemism»). O que ficará mais evidente ainda de uma análise da sociedade Ojibwa.

Estes índios estavam, segundo parece, organizados em várias dezenas de clãs patrilineares e patrilocais, de que uns cinco poderiam ser mais antigos do que outros, ou que tinham pelo menos um prestígio particular.

> «Um mito explica que estes cinco clãs "primitivos" remontam a seis seres sobrenaturais antropomorfos, saídos do oceano para se misturarem com os homens. Um deles tinha os olhos tapados e não ousava olhar para os índios, embora parecesse ter uma grande vontade. Incapaz de se controlar, acabou por tirar a venda, e o seu olhar caiu sobre um homem que morreu instantaneamente, como que fulminado. É que, apesar das disposições amigáveis do visitante, o seu olhar era demasiado forte. Por isso, os seus companheiros obrigaram-no a voltar para o fundo dos mares. Os restantes cinco ficaram entre os índios, e trouxeram-lhes grandes bendições. Estão na origem dos grandes clãs ou totens: peixe, grou, mergulhão, urso, alce ou marta» (Warren, pp. 43-44).

Apesar da forma mutilada em que chegou até nós, este mito oferece um interesse considerável. Primeiro, afirma que entre o homem e o totem não é suposto haver relação direta, fundada na contiguidade. A única relação possível deve estar «mascarada», é pois metafórica, como o confirma o facto, atestado na Austrália e na América, de o animal totémico ser por vezes designado por um outro nome que não aquele que se aplica ao animal real, de modo que a nominação clânica não suscita, imediata e normalmente, uma associação zoológica ou botânica na consciência indígena.

Em segundo lugar, o mito estabelece uma outra oposição, entre relação pessoal e relação coletiva. O índio não morre só por ter sido olhado, mas pelo facto também da conduta singular de um dos seres sobrenaturais, enquanto os outros agiam com mais discrição, e em grupo.

Nestes dois aspetos, a relação totémica é implicitamente distinta da relação com o espírito guardião, que supõe um contacto direto no coroar de uma procura individual e solitária. É então a própria teoria indígena, como o mito a expressa, que nos convida a separar os totens coletivos dos espíritos guardiães individuais, e a insistir no caráter mediato e metafórico da relação entre o homem e o epónimo clânico. Enfim, ela previne-nos contra a tentação de construir um sistema totémico por adição de relações tomadas uma a uma separadamente, e unindo de cada vez *um* grupo de homens a *uma* espécie animal, sendo que a relação primitiva é entre dois sistemas: um, fundado na distinção dos grupos, o outro, na distinção das espécies, de modo que é posta ao mesmo tempo em correlação e em oposição uma pluralidade de grupos, por um lado, e uma pluralidade de espécies, por outro.

Segundo as indicações de Warren, que era um Ojibwa, os cinco clãs principais tinham dado origem a outros clãs:

Peixe:	génio das águas, siluro, solha, esturjão, salmão dos Grandes Lagos, rémora;
Grou:	águia, gavião;
Mergulhão:	gaivota, alcatraz, pato-bravo;
Urso:	lobo, lince;
Alce:	marta, rena, castor.

Em 1925, Michelson notou os seguintes clãs: marta, mergulhão, águia, salmão (*bull-head*), urso, esturjão, grande-lince, lince, grua, frango. Alguns anos mais tarde e numa outra região (lago Velho--Deserto), Kinietz apontava seis clãs: génio das águas, urso, siluro, águia, marta, frango. Acrescentava a esta lista dois clãs recentemente desaparecidos: o grou e um volátil indeterminado.

Entre os Ojibwa orientais da ilha Parry (em Georgian Bay, parte do lago Huron), Jenness reconstituía, em 1929, uma série de clãs «aves»: grou, mergulhão, águia, gaivota, gavião, corvo; uma série de clãs «mamíferos»: urso, caribu, alce, lobo, castor, lontra, ratinho-lavador, doninha fedorenta; uma série de clãs «peixes»: esturjão, solha, siluro. Havia ainda um clã, crescente-de-lua, e toda uma série de nomes correspondendo a clãs hipotéticos ou desaparecidos da região: esquilo, tartaruga, marta, marta-pescadora, *vison*, casca de bétula. Os clãs ainda vivos reduziam-se a: rena, castor, lontra, mergulhão, falcão, gavião.

Podia também acontecer que fosse uma divisão em cinco grupos, por subdivisão das aves em «celestes» (águia, gavião) e «aquáticas» (as outras); e dos mamíferos em «terrestres» e «aquáticos» (os que frequentam as zonas pantanosas, como os cervídeos do Canadá, ou que pescam peixe: marta-pescadora, *vison*, etc.).

Seja como for, nunca se notou nos Ojibwa a crença de que os membros do clã tivessem saído do animal totémico; nem este era objeto de culto. Assim, Landes nota que embora o caribu tenha desaparecido completamente do Canadá Meridional, o facto não perturbava nada os membros do clã que era assim designado: «Não é mais do que um nome», diziam ao investigador. O totem era livremente abatido e comido, desde que cumpridas precauções rituais: autorização de caçar, solicitada ao animal anteriormente, e desculpas posteriores. Os Ojibwa afirmavam mesmo que o animal se oferecia mais às flechas dos caçadores do seu clã, e que por isso convinha interpelá-lo pelo nome de «totem» antes de o matar.

O frango e o porco — animais de importação europeia — eram utilizados para atribuir um clã convencional aos mestiços de mulher índia e homem branco (ante a filiação patrilinear que de outro modo os deixaria privados de clã). Por vezes, também eram incorporados no clã da águia, porque esta ave figura nas armas dos Estados Unidos, popularizadas pelas moedas. Os clãs dividiam-se ainda em bandos, designados por partes do corpo do animal clânico: cabeça, garupa, gordura subcutânea, etc.

Reunindo e comparando estas informações provenientes de várias regiões (de que cada uma não dá mais do que uma lista parcial, já que os clãs não estão igualmente representados em todos os lados), adivinha-se uma divisão tripartida: *água* (génio das águas, siluro, solha, rémora, esturjão, salmonídeos, etc., ou todos os clãs «peixes»); *ar* (águia, gavião, e: grou, mergulhão, gaivota, alcatraz, pato, etc.); *terra* (com um grupo à partida: caribu, alce, rena, marta, castor, ratinho-lavador; e depois: marta-pescadora, *vison*, doninha fedorenta, esquilo; enfim: urso, lobo, lince). O lugar da serpente e da tartaruga é incerto.

Inteiramente distinto do sistema das nominações totémicas, que é regido por um princípio de equivalência, o dos «espíritos» ou *manido* apresenta-se sob a forma de panteão hierarquizado. Sem dúvida, entre os Algonkin existia uma hierarquia de clãs, mas que não repousava na superioridade ou inferioridade atribuída aos animais epónimos, a não ser por brincadeira: «O meu totem é o lobo, o teu é o porco [...] Tem cuidado! Os lobos comem os porcos!» (HILGER, p. 60). No máximo, observar-se-iam esboços de especializações físicas e morais, concebidas à imagem das propriedades específicas. Pelo contrário, o sistema dos «espíritos» estava ordenado ostensivamente em dois eixos: de um lado o dos grandes e dos pequenos espíritos, de outro o dos espíritos bondosos e dos maléficos. No topo, o grande espírito; em seguida, os seus servidores; depois, em ordem descendente — moral e fisicamente — o Sol e a Lua; os 48 trovões que se opõem às serpentes míticas; os «pequenos índios invisíveis»; os génios das águas, machos e fêmeas; os quatro pontos cardeais; finalmente, hordas de manidos nomeados e não-nomeados, que percorrem o céu, a terra, as águas e o mundo ctónico. Por isso, em certo sentido, os dois sistemas — «totens» e «manidos» — são perpendiculares, um, aproximadamente horizontal, o outro, vertical, e coincidentes só num ponto, porquanto os génios das águas são os únicos a figurar sem ambiguidade num como no outro. O que explica talvez porque é que os espíritos sobrenaturais, responsáveis das nominações totémicas e da divisão em clãs no mito que resumimos, são descritos como tendo saído do oceano.

A ILUSÃO TOTÉMICA

SISTEMA «MANIDO»

grande	espírito
Sol,	Lua
tro	võens
pontos	cardeais

SISTEMA «TOTEM»	águia, pato, génio das	águas, solha, esturjão, etc.

serp	entes
cto	nianas,
et	c.

Todas as proibições alimentares que foram notadas entre os Ojibwa dependem do sistema «manido», e explicam-se todas da mesma maneira: proibição feita a um indivíduo, em sonho, por um espírito determinado, de consumir tal carne, ou tal parte do corpo de um animal, por exemplo, a carne de porco-espinho, a língua de alce, etc. O animal visado não figura necessariamente no repertório das nominações clânicas.

Do mesmo modo, a aquisição de um espírito guardião vinha coroar uma empresa estritamente individual, à qual eram encorajadas raparigas e rapazes ao aproximar-se a puberdade. Em caso de sucesso, ganhavam um protetor sobrenatural, cujas características e circunstâncias de aparição eram índices que informavam os interessados das suas aptidões e da sua vocação. Contudo, estas vantagens só eram garantidas com a condição de se conduzirem com obediência e discrição no que diz respeito ao protetor. Apesar de todas as diferenças, a confusão cometida por Long, entre totem e espírito guardião, explica-se em parte pelo facto de este último nunca ser:

> «[...] um mamífero ou ave particular, como podiam ser vistos de dia, à roda do *wigwam*, mas um ser sobrenatural que representava toda a espécie» (JENNESS, p. 54).

Transportemo-nos agora para outra parte do mundo, atrás de Raymond Firth, cujas análises contribuíram tanto para iluminar a extrema complexidade, e o caráter heterogéneo, de crenças e costumes demasiado depressa reunidos na etiqueta totémica. Estas análises são tanto mais demonstrativas quanto se referem a uma região — Tikopia — de que Rivers pensava que fornecia a melhor prova da existência do totemismo na Polinésia.

Porém, aponta Firth, antes de avançar uma tal pretensão:

> «[...] é necessário saber se, no que se refere aos homens, a relação (com as espécies ou objetos naturais) engloba a população no seu conjunto, ou diz respeito só a algumas pessoas, e — no que se refere aos animais ou vegetais — se se trata de espécies consideradas em bloco, ou de indivíduos particulares; se o objeto natural é tido por um representante, ou por um emblema, do grupo humano; se se verifica, de uma ou outra forma, a noção de uma identidade (entre, por um lado, uma pessoa e, por outro, uma criatura ou um objeto natural) e de uma filiação que os una; enfim, se o interesse em relação a um animal ou uma planta os visa diretamente ou se se explica antes pela sua associação suposta com espíritos ancestrais ou divindades. Neste último caso, é indispensável compreender a conceção que os indígenas fazem de tal relação» (FIRTH, [1], p. 192).

Este texto sugere que aos dois eixos: *grupo-indivíduo* e *natureza-cultura*, que já tínhamos distinguido, se deve juntar um terceiro, sobre o qual se escalonam diferentes tipos concebíveis de relação entre os termos extremos dos dois primeiros eixos: emblemática, de identidade, de filiação de interesse, direta ou indireta, etc.

A sociedade de Tikopia compreende quatro grupos patrilineares não necessariamente exogâmicos, ditos *kainanga*, cada qual dirigido por um chefe ou *ariki*, que mantém relações privilegiadas com os *atua*. Este termo designa os deuses propriamente ditos, assim como os espíritos ancestrais, as almas dos chefes precedentes, etc. Quanto à conceção indígena da natureza, é dominada por uma distinção fundamental entre «coisas comidas», *e kai*, e «coisas não-comidas», *sise e kai*.

As «coisas comidas» consistem sobretudo em alimentos vegetais e em peixe. Entre os vegetais, quatro espécies são de primeira importância, porque cada uma tem uma afinidade particular com um dos quatro clãs: o inhame «escuta», «obedece» ao *sa Kafika*; e prevalece a mesma relação entre o coqueiro e o clã *sa Tafua*, o taro e o clã *sa Taumako*, a árvore do pão e o clã *sa Fangerere*. De facto, e como nas Marquesas, o vegetal é suposto pertencer diretamente ao deus clânico (encarnado por uma das numerosas variedades de enguia de água doce ou dos recifes costeiros) e o ritual agrícola apresenta-se antes de tudo como uma solicitação do deus. O papel do chefe de clã é assim sobretudo o de «controlar» uma espécie vegetal. É ainda necessário fazer uma distinção entre as espécies: a plantação e a colheita do inhame e do taro, a recolha do fruto da árvore do pão apresentam um caráter cíclico. Não se passa o mesmo com os coqueiros, que se multiplicam espontaneamente e de que as nozes amadurecem todo o ano. Talvez que corresponda a esta a diferença que se observa entre as formas de controlo respetivas: toda a gente possui, cultiva e recolhe as três primeiras espécies, descasca e consome o seu produto, enquanto só o clã encarregado celebra os ritos. Mas não há ritual clânico particular para os coqueiros, e o clã Tafua, que os controla, só está sujeito a alguns tabus: para beber a água das nozes, os seus membros devem fazer um furo na casca em lugar de a quebrar; e para abrir as nozes e extrair a polpa, não podem utilizar senão uma pedra, com exclusão de qualquer utensílio fabricado.

Estas condutas diferenciais não são interessantes só pela correlação que sugerem entre ritos e crenças, por um lado, e certas condições objetivas, por outro. Vêm também apoiar a crítica que formulamos contra a regra de homologia de Boas, já que três clãs expressam a sua relação com as espécies naturais por meio do ritual, e o quarto, por meio de proibições e prescrições. A homologia, a existir, deve procurar-se a um nível mais profundo.

Seja como for, é claro que a relação dos homens com certas espécies vegetais se manifesta, em Tikopia, num duplo plano: sociológico e religioso. Como entre os Ojibwa, um mito encarrega-se de unificar os dois aspetos:

> «Há muito tempo que os deuses não se distinguiam dos homens, e os deuses eram os representantes diretos dos clãs sobre a terra. Aconteceu que um deus estrangeiro, Tikarau, foi de visita a Tikopia e os deuses da terra prepararam-lhe um esplêndido festim; mas, anteriormente, organizaram provas de força e de velocidade para medir forças com o seu hóspede. Em plena corrida, este fingiu tropeçar e declarou ter-se ferido. Mas ao mesmo tempo que simulava coxear, pulava para a comida empilhada e levava-a para as colinas. A família dos deuses lançou-se em sua perseguição; desta vez, Tikarau caiu mesmo, de modo que os deuses clânicos puderam recuperar uma noz de coco um, o outro, um taro, o terceiro, um fruto da árvore do pão, e os últimos, um inhame [...] Tikarau conseguiu alcançar o céu com a massa do festim, mas os quatro alimentos vegetais tinham sido salvos pelos homens» (FIRTH [1], p. 296, [³]).

Por muito diferente que seja este mito do dos Ojibwa, apresenta alguns pontos comuns, que é preciso sublinhar. Primeiramente, note-se a mesma oposição entre uma conduta individual e uma conduta coletiva, a primeira, qualificada negativamente, e a segunda, positivamente, em relação ao totemismo. Nos dois mitos, a conduta individual e maléfica pertence a um deus ávido e indiscreto (que, de resto, não deixa de se assemelhar ao Loki escandinavo, magistralmente estudado por G. Dumézil). O totemismo, enquanto sistema, é introduzido nos dois casos, enquanto *o que resta* de uma totalidade empobrecida, o que pode ser uma maneira de dizer que os termos do sistema não valem senão *afastados* uns dos outros, já que só ficam eles para mobilar um campo semântico primitivamente mais preenchido, e em que se introduz a descontinuidade. Enfim, os dois mitos sugerem que o contacto direto (num caso, entre os deuses-totens e os homens, no outro, entre os deuses-homens e os totens), quer dizer, a relação de

---

(³) Este livro estava já em provas quando nos chegou uma obra mais recente de FIRTH [3] em que se encontram outras versões do mesmo mito.

contiguidade, é contrário ao espírito da instituição: o totem não se torna totem senão depois de ter sido distanciado.

Em Tikopia, a categoria das «coisas comidas» engloba também os peixes. Contudo, não se assinala nenhuma associação direta entre os clãs e os peixes comestíveis. A questão complica-se quando se introduzem os deuses no circuito. Por um lado, os quatro vegetais são tidos por sagrados porque «representam» os deuses — o inhame é o «corpo» de Kafika, o taro, de Taumako; o fruto da árvore do pão e a noz de coco são a «cabeça» de Fangerere e de Tafua respetivamente —, mas, por outro lado, os deuses «são» peixes, e mais particularmente enguias. Reencontramos assim, de forma transposta, a distinção entre totemismo e religião que já aparecera através de uma oposição entre semelhança e contiguidade. Como nos Ojibwa, o totemismo de Tikopia exprime-se por meio de relações metafóricas.

Em contrapartida, no plano religioso, a relação entre o deus e o animal é de ordem metonímica. Primeiro, porque o *atua* é suposto *entrar* no animal, mas sem se *transformar* nele; em seguida, porque a *totalidade* da espécie nunca está em causa, mas só um animal singular (portanto, uma *parte* da espécie) de que se reconhece servir de veículo a um deus pela sua conduta atípica. Finalmente, este tipo de ocorrência só se dá de modo intermitente e excecional, enquanto a relação — mais longínqua — entre espécie vegetal e deus oferece um caráter permanente. Deste último ponto de vista, poderia quase dizer-se que a metonímia corresponde à ordem do acontecimento, a metáfora, à ordem da estrutura (cf. sobre este ponto JAKOBSON e HALLE, cap. V) ([4]).

Fica confirmado, por outra oposição fundamental, que as plantas e animais comestíveis não são em si mesmos deuses: a oposição entre *atua* e alimento. Com efeito, são os peixes, insetos e répteis não comestíveis que se designam pelo nome de *atua*; sem dúvida porque, sugere Firth, «as criaturas impróprias para o consumo não dependem da ordem normal da natureza [...] No caso dos animais, não são portanto

---

([4]) Nesta perspetiva, note-se que os dois mitos de origem do totemismo que resumimos e comparamos podem também ser mitos de origem da metáfora. E como a estrutura metafórica é, em geral, própria dos mitos, estes constituem então metáforas em segundo grau.

os elementos comestíveis, mas antes os não-comestíveis que se associam aos seres sobrenaturais» (p. 300). Se então, prossegue Firth:

> «[...] devemos tratar todos estes fenómenos como constituintes do totemismo, temos de reconhecer que há em Tikopia duas formas distintas da instituição: uma positiva, que se liga a alimentos vegetais e acentua a fertilidade; a outra, negativa, que diz respeito aos animais e que dá o primeiro lugar aos que são impróprios para servir como alimento» (FIRTH [1], p. 301).

A ambivalência atribuída aos animais aparece ainda maior, já que os deuses praticam variadas formas de encarnação animal. Para os *sa Tafua*, o deus clânico é uma enguia, que faz amadurecer as nozes de coco dos seus fiéis; mas pode também mudar-se em morcego e, como tal, destruir os palmeirais dos outros clãs. Daí a proibição alimentar que visa os morcegos, assim como a galinha de brejo e outras aves; e ainda os peixes, que estão em relação particularmente estreita com certas divindades. Estas proibições, que podem ser gerais ou limitadas a um clã ou linhagem, não apresentam, contudo, nenhum caráter totémico: o pombo, que toca de perto o clã Taumako, não é consumido, mas não há escrúpulos em o destruir, porque pilha os jardins. Por outro lado, a proibição restringe-se aos mais velhos.

Por detrás das crenças e proibições particulares, desenha-se um esquema fundamental de que subsistem as propriedades formais, independentemente das relações entre tal espécie animal ou vegetal e tal clã, subclã, ou linhagem, a propósito das quais ele se manifesta.

Assim, o delfim possui uma afinidade especial com a linhagem Korokoro do clã Tafua. Quando um animal dá à costa na praia, esta família oferece-lhe alimentos vegetais frescos, ditos *putu*: «oferenda sobre o túmulo de um morto recente». A carne é cozida em seguida e partilhada entre os clãs, com exceção da família apontada para quem é *tapu*, já que o delfim é a encarnação preferida do seu *atua*.

As regras da partilha atribuem a cabeça aos Fangerere, a cauda aos Tafua, a parte anterior do corpo aos Taumako, e a parte posterior aos Kafika. Os dois clãs cuja espécie vegetal (inhame e taro) é um «corpo» de deus têm então direito a partes «corpo», e os dois cuja espécie (frutos do coqueiro e da árvore do pão) é uma «cabeça» de deus recebem as extremidades (cabeça e cauda). A forma de um sistema de relação estende-se, de modo coerente, a uma situação que, à primeira vista, poderia parecer-lhe totalmente estranha. E, tal como nos Ojibwa, um segundo sistema de relações com o mundo sobrenatural, implicando proibições alimentares, combina-se com uma estrutura formal, permanecendo nitidamente distinto, enquanto a hipótese totémica tenderia a confundi-los. As espécies divinizadas, objetos dessas proibições, constituem sistemas separados dos das funções clânicas que estão em relação com a alimentação vegetal: assim, o polvo, assimilado à montanha cujas correntes são como tentáculos e, pela mesma razão, ao Sol com os seus raios; e as enguias, lacustres e marinhas, que são objeto de uma proibição alimentar tão forte, que só vê-las provoca frequentemente vómitos.

Podemos assim concluir com Firth que em Tikopia o animal não é concebido nem como um emblema, nem como um antepassado, nem como um parente. O respeito, as proibições, de que certos animais podem ser objeto, explicam-se, de modo complexo, pela tripla ideia de que o grupo saiu de um antepassado, que o deus se encarna num animal e que nos tempos míticos existiu uma relação de aliança entre o antepassado e o deus. O respeito pelo animal vem por ricochete.

Por outro lado, as atitudes em relação às plantas e animais opõem-se entre si. Há rituais agrícolas, mas não há ritos de pesca ou de caça. Os *atua* manifestam-se aos homens sob forma animal, nunca sob forma vegetal. As proibições alimentares, quando existem, concernem aos animais, não aos vegetais. A relação dos deuses com as espécies vegetais é simbólica, a sua relação com as espécies animais é real; no caso dos vegetais, estabelece-se no domínio da espécie, enquanto uma espécie animal nunca é *atua*, mas só tal animal em tais circunstâncias particulares. Enfim, as plantas «marcadas» por condutas diferenciais são sempre comestíveis; no caso dos animais é ao inverso. Retomando, quase palavra a palavra, uma fórmula de Boas, Firth extrai, de uma rápida confrontação dos factos de Tikopia com o conjunto das observações polinésias, a lição de que o totemismo não constitui um fenómeno *sui generis*, mas um caso particular no quadro geral das relações entre o homem e os elementos do seu meio natural (p. 398).

Mais afastados da conceção clássica do totemismo, os factos maori ligam-se tão diretamente aos evocados para Tikopia, que reforçam mais a demonstração. Se alguns lagartos são respeitados como guardiães de grutas funerárias e de árvores em que as aves são capturadas com a ajuda de armadilhas, é que o lagarto representa o deus Whior, que é a doença e a morte personificadas. Existe sem dúvida um laço de filiação entre os deuses e os elementos ou seres naturais: da união da rocha e da água nasceram todas as variedades de areia, de seixos, de rochas aglomeradas, e outros minerais: nefrite, sílex, lava, escória; e também os insetos, os lagartos, e os vermes. O deus Tane-nui-a--Rangui e a deusa Kahu-paurauri engendraram todas as aves e todos os frutos da floresta; Rongo é o antepassado das plantas cultivadas, Tangaroa, dos peixes, Haumia, das plantas selvagens (Best).

> «Para os Maori, o universo inteiro desdobra-se como uma gigantesca parentela em que o céu e a terra figuram os primeiros antepassados de todos os seres e de todas as coisas: o mar, a areia do rio, os bosques, as aves, os homens. Dir-se-ia que o indígena sofre se não puder — e nos menores detalhes, como deseja — retraçar os laços de parentesco que o unem aos peixes do oceano, ou ao viajante a quem oferece hospitalidade. É com verdadeira paixão que o maori de alta estirpe esquadrinha as genealogias, comparando-as com as dos seus convidados, procurando descobrir antepassados comuns e destrinçando os ramos em antigos e novos. Cita-se o exemplo de indivíduos cuja memória conservava em ordem genealogias que incluem até 1400 pessoas» (Prytz-Johansen, p. 9).

A Nova Zelândia nunca foi citada como apresentando exemplos típicos de totemismo. Mas constitui um caso-limite que permite distinguir, em estado puro, categorias mutuamente exclusivas, e de que as hipóteses totémicas eram obrigadas a afirmar a compatibilidade. Os animais, vegetais e minerais não representam o papel de totens para os Maori, exatamente porque são concebidos como verdadeiros antepassados. Como nos mitos «evolucionistas» de Samoa, concebe-se uma série, formada de elementos provenientes das três grandes ordens naturais, em continuidade do ponto de vista genético e diacrónico. Ora, se seres ou elementos naturais estão na relação de antepassados e de descendentes uns em relação aos outros e em conjunto, em relação aos homens, cada um por si não está apto para representar sozinho o papel de antepassado, perante um grupo humano determinado. Para empregar uma terminologia moderna, o totemismo, em que os clãs se consideram todos saídos de espécies diferentes, será, por isto mesmo, plurigenista (enquanto o pensamento polinésio é monogenista). Mas este mesmo plurigenismo apresenta um caráter muito particular, já que, como acontece ao ditar as cartas, o totemismo exibe logo no início todas as suas cartas: não reserva nenhumas que ilustrem as etapas da transição entre o antepassado animal e o seu descendente humano. De um a outro, a passagem é assim forçosamente concebida como descontínua (todas as passagens do mesmo tipo sendo, de resto, simultâneas): verdadeiras «modificações à vista» excluindo qualquer contiguidade sensível entre o estado inicial e o estado final. Tão afastadas quanto possível do modelo evocado pelas géneses naturais, as géneses totémicas resumem-se a aplicações, projeções ou dissociações; consistem em relações metafóricas cuja análise cabe a uma «etnológica» mais do que a uma «etnobiologia»: dizer que o clã A «descende» do urso e que o clã B «descende» da águia não é mais do que um modo concreto e conciso de considerar a relação entre A e B análoga a uma relação entre as espécies.

Ao mesmo tempo que ajuda a classificar a confusão entre as noções de génese e de sistema, a etnografia maior permite dissipar outra confusão (que procede da mesma ilusão totémica) entre a noção de totem e a de mana. Os Maori definem cada ser, ou cada tipo de ser, pela sua «natureza» ou «norma», *tika*, e pela sua função particular, o seu comportamento distintivo, *tikanga*. Assim concebidos num aspeto diferencial, as coisas e os seres distinguem-se pelo *tupu* que lhes vem de dentro, e cuja ideia se opõe à de *mana* que lhes vem de fora, e que por isso constitui antes um princípio de indistinção e confusão:

> «O sentido de *mana* tem muito em comum com o de *tapu*, mas, num ponto significativo, diferem totalmente. Os dois termos evocam o desenvolvimento, a atividade, a vida; mas, enquanto *tupu* remete para a natureza

das coisas e dos seres humanos tal como se manifesta de dentro, *mana* exprime uma participação, uma forma ativa de acompanhamento, que, por natureza, nunca se liga de modo indissociável a uma coisa singular, ou a um ser humano singular» (PRYTZ-JOHANSEN, p. 85).

Ora, os costumes relativos aos tabus (*tapu* que não deve confundir-se com *tupu*) também se situam no plano de uma descontinuidade que afasta qualquer género de amálgama (tantas vezes tentada por Durkheim e a sua escola) entre as noções de *mana*, de totem e de tabu:

> «O que agrupa os costumes de *tapu* em instituição é [...] um profundo respeito pela vida, um temor respeitoso que incita os homens quer a suspeitar quer a honrar. Este modo respeitoso não se dirige à vida em geral, mas à vida nas suas manifestações particulares, e nem sequer a todas: só à vida fechada no círculo do grupo de parentesco, estendido aos jardins, às florestas e aos locais de pesca, e que encontra a sua expressão superior na pessoa do chefe, como nas suas riquezas e nos seus lugares sagrados» (PRYTZ-JOHANSEN, p. 198).

CAPÍTULO II

O NOMINALISMO AUSTRALIANO

Em 1920, Van Gennep recenseava quarenta e uma teorias diferentes do totemismo, de que as mais importantes e recentes foram edificadas, sem nenhuma dúvida, sobre a base dos factos australianos. Não é assim surpreendente que tenha sido a partir dos mesmos factos que A. P. Elkin, eminente especialista contemporâneo da Austrália, tentou retomar o problema, inspirando-se ao mesmo tempo num método empírico e descritivo e nos quadros analíticos que Radcliffe-Brown definira uns anos mais cedo.

Elkin cinge de tão perto a realidade etnográfica, que é indispensável recordar alguns dados elementares, sem os quais seria impossível seguir a sua exposição.

Várias medidas da radioatividade residual do carbono 14 permitem já fazer remontar a entrada do homem na Austrália além do VIII milénio. Já não se admite, hoje, que, durante este enorme lapso de tempo, os indígenas australianos tenham permanecido completamente cortados do mundo exterior: pelo menos na costa norte, devem ter sido numerosos os contactos e as trocas com a Nova Guiné (diretamente, ou pelas ilhas do Estreito de Torres) e com a Indonésia Meridional. Contudo, é possível que, relativamente falando, as sociedades australianas tenham, em conjunto, evoluído em isolamento, num grau muito superior ao de outras sociedades noutros lugares do mundo. Assim se explicam os numerosos traços comuns que têm, sobretudo no domínio da religião e da organização social, e no da distribuição, frequentemente característica das modalidades pertencentes a um mesmo tipo.

Todas as sociedades ditas «sem classes» (quer dizer, sem metades, secções ou subsecções) ocupam uma posição periférica, nas costas da

Terra de Dampier, da Terra de Arnhem, do golfo de Carpentária, da península do cabo York, da Nova Gales do Sul, de Vitória, e da grande baía australiana. Esta distribuição poderia explicar-se quer por estas formas serem as mais arcaicas e terem subsistido no estado de vestígios no contorno do continente, quer — e mais verosimilmente — por serem o resultado da desagregação marginal dos sistemas de classes.

As sociedades com metades matrilineares (sem secções nem subsecções) têm uma distribuição meridional; ocupam maciçamente o Sudeste (sul de Queensland, Nova Gales do Sul, Vitória e o leste da província meridional); e também uma pequena zona costeira, no sudoeste da província ocidental.

As sociedades com metades patrilineares (com secções ou subsecções) situam-se no norte do continente, da Terra de Dampier à península do cabo York.

Encontramos finalmente as organizações com 4 secções no Noroeste (região dos desertos e até à costa ocidental) e no Nordeste (Queensland), de um lado e de outro da região central que é ocupada pelas organizações com 8 subsecções (da Terra de Arnhem e a península do cabo York até ao Sul, à região do lago Eyre).

Recordemos rapidamente em que consistem estas organizações com «classes matrimoniais». O que quase não é necessário para as metades, já que estas se definem pela regra simples de que um indivíduo pertencente a uma metade (por filiação patrilinear ou matrilinear, já que se encontram os dois casos na Austrália) deve obrigatoriamente encontrar o seu cônjuge na outra metade.

Imaginemos agora dois grupos, residindo em territórios distintos e fiéis ambos, cada um à sua maneira, à regra de exogamia das metades, e admitamos (porque é o caso mais frequente, mas a hipótese inversa daria um resultado simétrico) que a filiação seja matrilinear. Para se unirem, estes dois grupos decidem que os seus membros respetivos não poderão arranjar cônjuge a não ser na outra metade, e que a mulher e os filhos residirão com o pai. Chamemos Durand e Dupont as duas metades matrilineares, e Paris e Lyon os dois grupos locais. A regra de casamento e de filiação será:

```
┌─→ Durand de Paris  =  Dupont de Lyon  ←─┐
└─→ Durand de Lyon   =  Dupont de Paris ←─┘
```

que se lê: se um homem Durand, de Paris, se casa com uma mulher Dupont, de Lyon, os filhos serão Dupont (como a mãe) e de Paris (como o pai). É o que se chama um sistema de 4 secções, ou de tipo Kariera, o nome de uma tribo da Austrália Ocidental.

Passa-se a um sistema de 8 subsecções fazendo o mesmo raciocínio, mas a partir de 4 grupos locais em vez de 2. Utilizando uma notação simbólica em que as letras representam grupos locais patrilineares, e os números, as metades matrilineares, e em que, qualquer que seja o sentido da leitura (da esquerda para a direita, ou da direita para a esquerda), o primeiro binómio representa o pai, o segundo, a mãe, com a seta a unir o binómio da mãe ao dos filhos (sistema dito Aranda), obter-se-á o seguinte diagrama:

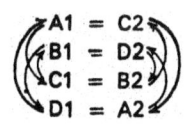

```
 ⎛ ⎡→A1 = C2⎤ ⎞
 ⎜ ⎢ B1 = D2 ⎥ ⎟
 ⎜ ⎢ C1 = B2 ⎥ ⎟
 ⎝ ⎣ D1 = A2⎦ ⎠
```

A razão de ser destas regras foi muito bem exposta por Van Gennep:

> «[...] a exogamia tem por resultado e provavelmente por objetivo religar entre si certas sociedades especiais que, sem isso, não entrariam mais em contacto, normalmente, como os pedreiros de Rouen e os cabeleireiros de Marselha. Estudando deste ponto de vista os quadros matrimoniais [...] constata-se que o elemento positivo da exogamia é socialmente tão poderoso quanto o seu elemento negativo, mas aí, como em todos os códigos, só se especifica o que é proibido [...] A instituição, sob os seus dois aspetos indissolúveis, serve então para reforçar a coesão, não tanto dos membros do clã entre si, mas dos diversos clãs perante a sociedade geral. Estabelece-se uma contradança matrimonial, de geração em geração, tanto mais complicada quanto a tribo, unidade política que existe há muito tempo, se repartiu num número maior de frações, contradança e mistura alternativa de que a exogamia assegura a regularidade e o retorno periódico» (VAN GENNEP, p. 351).

Esta interpretação, que é também a nossa (cf. *As Estruturas Elementares do Parentesco*), parece-nos ainda preferível à que defendeu Radcliffe-Brown até aos seus últimos escritos, e que consiste em deduzir os sistemas de 4 secções de uma dupla dicotomia: a das metades matrilineares (que não suscita contestação) e a das linhas de filiação masculinas em gerações alternadas, nomeadas ou não nomeadas. Com efeito, acontece frequentemente na Austrália que as linhas de filiação de homens sejam cindidas em duas categorias, que compreendem, uma as gerações de número par, a outra as de número ímpar, contando a partir da do sujeito. Assim, um indivíduo masculino será colocado na mesma categoria que o seu avô e o seu neto, enquanto o seu pai e o seu filho pertencem à categoria alterna. Mas esta classificação seria impossível de interpretar se não se visse nela uma consequência, direta ou indireta, resultante do jogo de regras de casamento e de filiação já complexas. Logicamente, não pode fazer-se dela um fenómeno primeiro. Pelo contrário, qualquer sociedade ordenada, quaisquer que sejam a sua organização e o seu grau de complexidade, deve definir-se, de uma maneira ou de outra, de acordo com a relação de residência; sendo assim legítimo recorrer a uma regra particular de residência como a um princípio estrutural.

Em segundo lugar, a interpretação fundada numa dialética da residência e da filiação tem a vantagem imensa de permitir a integração dos sistemas australianos clássicos — Kariera e Aranda — numa tipologia geral, que não deixa de fora nenhum sistema dito irregular. Se é inútil insistir aqui neste segundo aspeto, é porque esta tipologia geral se funda exclusivamente sobre características sociológicas, deixando de lado as crenças e costumes totémicos: estes têm um lugar secundário nos Kariera, e, embora não possa dizer-se a mesma coisa dos Aranda, as suas crenças e costumes totémicos, por importantes que sejam, manifestam-se num plano inteiramente distinto do das regras matrimoniais, sobre as quais não parecem ter nenhuma influência.

A originalidade da tentativa de Elkin consiste precisamente em retomar o estudo das sociedades australianas através do totemismo. Propõe três critérios para definir um sistema totémico: a *forma* ou maneira como os totens são distribuídos entre os indivíduos e os grupos (em função do sexo, da pertença a um clã, a uma metade, etc.); a *significação*, segundo o papel representado pelo totem em relação ao indivíduo (como assistente, guardião, companheiro, ou símbolo do grupo social ou do grupo cultural); enfim, a *função* que corresponde ao papel desempenhado pelo sistema totémico do grupo (regulamentação dos casamentos, sanções sociais e morais, filosofia, etc.).

Além disso, Elkin dá um lugar especial a duas formas de totemismo. O totemismo «individual» encontra-se sobretudo no sudeste australiano. Implica uma relação entre o feiticeiro e uma certa espécie animal, geralmente répteis. O animal dá assistência ao feiticeiro, a título de agente benéfico ou maléfico por um lado, enquanto mensageiro ou espião por outro. Conhecem-se casos em que o feiticeiro exibe um animal domesticado como prova do seu poder. Esta forma de totemismo foi observada na Nova Gales do Sul, nos Kamilaroi e nos Kurnai, e, no Território do Norte até à Terra de Dampier, encontra-se sob a forma de crença em serpentes míticas, vivendo no interior do corpo dos feiticeiros. A identidade postulada entre o totem e o homem implica uma proibição alimentar, já que o consumo do animal equivaleria a autocanibalismo. Mais precisamente, a espécie zoológica aparece como um termo mediador entre a alma da espécie e a alma do feiticeiro.

O totemismo «sexual» existe da região do lago Eyre até à costa da Nova Gales do Sul e de Vitória. Os Dieri põem os sexos em relação com duas plantas. Por vezes, são também evocadas «aves»: morcego e mocho (Dieri); morcego e pica-pau (Worimi); «carricinha» (*emu-wren*) e «toutinegra» (*superb-warbler*) (Kurnai); «carricinha» e morcego (Yuin). Em todas estas tribos, os totens citados servem de emblema a um grupo sexual. Se um totem masculino ou feminino é ferido por um representante de outro sexo, o grupo sexual todo sente-se insultado, e segue-se uma disputa entre homens e mulheres. Esta função emblemática repousa na crença de que cada grupo sexual forma uma comunidade viva com a espécie animal. Como dizem os Wotjobaluk: «A vida de um morcego é uma vida de homem.» Não se sabe muito bem como é que os indígenas interpretavam esta afinidade: crença na reencarnação de cada sexo sob a forma animal correspondente, ou numa relação de amizade ou fraternidade, ou ainda por mitos em que figuram antepassados com nomes de animais.

Com algumas raras exceções, encontradas na costa da Nova Gales do Sul e de Vitória, o totemismo sexual parece associado às metades matrilineares. Daí a hipótese do totemismo sexual poder corresponder a um desejo de «marcar» mais fortemente o grupo feminino: nos Kurnai, as mulheres obrigavam os homens demasiado tímidos a propor--lhes casamento, matando um totem masculino: do que resultava um combate a que só casamentos podiam pôr fim. Entretanto, Roheim encontrou o totemismo sexual no curso do Finke, entre certos Aranda do Noroeste e entre os Aluridja. Ora, os Aranda têm metades patrilineares de caráter cerimonial, dissociadas ao mesmo tempo dos cultos totémicos locais e de um totemismo de forma «concecional», a que voltaremos. Contudo, outros costumes ou instituições não deixam de ter semelhanças com os dos Kurnai. Também entre os Aranda, as mulheres têm às vezes a iniciativa: para determinar o totem do seu filho, normalmente, ao anunciarem o lugar da conceção; e durante danças cerimoniais especificamente femininas, e de inspiração erótica. Enfim, pelo menos em certos grupos Aranda, o totem materno é respeitado tanto quanto o do sujeito.

O grande problema do totemismo australiano é o das suas relações com as regras do casamento. Vimos que estas empregam — nas suas formas mais simples — divisões e subdivisões do grupo em metades, secções e subsecções. Nada mais tentador do que interpretar esta série segundo a ordem «natural»: 2, 4, 8. As secções resultariam assim de um desdobramento das metades, e as subsecções, de um desdobramento das secções. Mas, nesta génese, qual é o papel das estruturas propriamente totémicas? E, de um modo geral, que relações existem, nas sociedades australianas, entre a organização social e a religião?

A este respeito, os Aranda setentrionais há muito tempo que vêm retendo as atenções, porque, embora possuindo grupos totémicos, grupos locais e classes matrimoniais, não há aí nenhuma relação clara entre os três tipos de estrutura, que parecem situar-se em planos diferentes e funcionar cada um de modo independente. Ao contrário, na fronteira do Kimberley oriental e do Território do Norte, constata-se uma aderência das estruturas sociais e das estruturas religiosas; mas assim as primeiras deixam de assegurar a regulamentação dos casamentos. Aí, tudo se passa como se:

«as subsecções, secções e metades [...] [fossem] formas de totemismo, [um meio de definir] as relações do homem [não com a sociedade mas] com a natureza[...]» (ELKIN [2], p. 66).

Com efeito, nesta região, o que está no fundamento da permissão ou proibição de casamento não é a pertença ao grupo, mas a relação de parentesco.

Não será a mesma coisa em certas sociedades com subsecções? Na parte oriental da Terra de Arnhem, as subsecções possuem totens distintos, o que quer dizer que as regras de casamento e as filiações totémicas coincidem. Entre os Mungarai e os Yungman do Território do Norte e do Kimberley, onde os totens são associados a lugares com nome e não a grupos sociais, tudo se passa na mesma, graças à engenhosa teoria de que os espíritos fetais têm sempre o cuidado de eleger domicílio no seio de uma mulher da subsecção desejada, para que seja respeitada a coincidência teórica entre totem e subsecção.

Tudo é completamente diferente nos Kaitish, nos Aranda setentrionais e nos Loritja do Noroeste. O seu totemismo é «concecional», quer dizer, o totem que é atribuído a cada criança não é nem o do seu pai ou da sua mãe, nem o do avô, mas o animal, planta ou fenómeno natural associado pelos mitos à localidade em que, ou perto da qual, a mãe sentiu o princípio da gravidez. Sem dúvida, esta regra aparentemente arbitrária, é frequentemente corrigida graças ao cuidado posto pelos espíritos fetais na escolha de mulheres que sejam da mesma subsecção que a mãe do antepassado totémico. Mas não deixa de acontecer que, como Spencer e Gillen explicaram, uma criança Aranda não pertença necessariamente nem ao grupo totémico do seu pai, nem ao da sua mãe, e que, segundo o acaso do lugar em que a futura mãe teve consciência do seu estado, crianças nascidas dos mesmos pais possam pertencer a totens diferentes.

Consequentemente, a existência de subsecções não permite identificar sociedades que eram assimiladas em função só deste critério. Às vezes, as subsecções confundem-se com os grupos totémicos sem assegurar a regulamentação dos casamentos, que é abandonada à determinação do grau de parentesco. Outras vezes, as subsecções

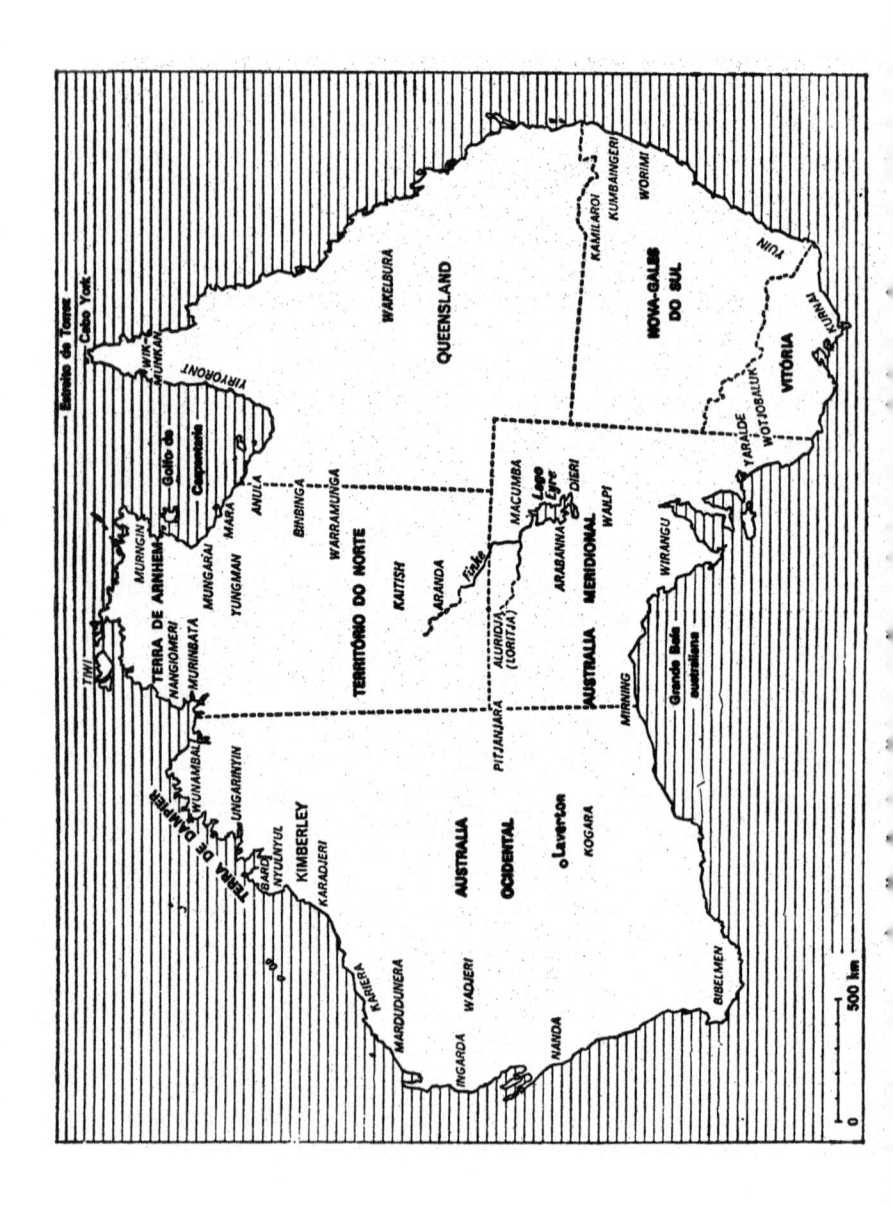

O TOTEMISMO HOJE

funcionam como classes matrimoniais, mas então não têm mais relação direta com as filiações totémicas.

Encontra-se a mesma incerteza nos casos de sociedades com secções. Quer o totemismo é igualmente seccional, quer numerosos clãs totémicos se repartem em quatro grupos, correspondentes às quatro secções. Como um sistema seccional atribui às crianças uma secção diferente da de ambos os pais (de facto, a secção alterna da da mãe no seio da mesma metade, modo de transmissão a que se dá o nome de filiação matrilinear indireta), as crianças têm totens que diferem necessariamente dos dos pais.

As sociedades de metades sem secções nem subsecções têm uma distribuição periférica. No noroeste australiano, estas metades são nomeadas segundo duas espécies de cangurus; no Sudoeste, segundo duas aves: catatua branca e gralha, ou falcão e gralha; no Leste, segundo duas variedades de catatua, respetivamente branca e negra, etc.

Este dualismo estende-se a toda a natureza, de que, pelo menos teoricamente, todos os seres e todas as manifestações se repartem entre as duas metades: tendência já aparente nos Aranda, visto que os seus totens recenseados, e que ultrapassam largamente 400, se agrupam numas sessenta categorias. As metades não são necessariamente exogâmicas, desde que sejam respeitadas as regras de exogamia totémica, parental e local. Finalmente, as metades podem existir sozinhas, como acontece nas sociedades periféricas, ou acompanhadas de secções, de subsecções, ou de ambas as formas. Desta maneira, as tribos da região de Laverton têm secções, mas não têm metades nem subsecções; na Terra de Arnhem, há tribos com metades e subsecções, mas sem secções. Enfim, os Nangiomeri têm só subsecções, sem metades nem secções. Parece então que as metades não são dependentes de uma série genética, que faça delas uma condição necessária das secções (como estas seriam, por sua vez, condição das subsecções); que a sua função não será, necessária e automaticamente, de regulamentar os casamentos; e que o seu caráter mais constante estará em relação com o totemismo por bipartição do universo em duas categorias.

Vejamos agora a forma de totemismo que Elkin chama de «clânico». Os clãs australianos podem ser patrilineares ou matrilineares, ou «concecionais», quando agrupam todos os indivíduos que é suposto terem sido concebidos no mesmo lugar. Seja qual for o tipo de que dependam, os clãs são normalmente totémicos, quer dizer, os seus membros observam proibições alimentares ante um ou vários totens, e têm o privilégio, ou a obrigação, de celebrar ritos para assegurar a multiplicação da espécie totémica. A relação que une os membros do clã aos seus totens é definida, segundo as tribos, como genealógica (sendo o totem o antepassado do clã) ou local (quando uma horda se liga aos seus totens por intermédio do seu território onde estão os sítios totémicos, os locais em que é suposto residirem os espíritos saídos do corpo do antepassado mítico). A relação com o totem pode mesmo ser simplesmente mítica, como no caso das organizações com secções, em que, no interior da sua metade matrilinear, um homem pertence à mesma secção que o pai do seu pai, e possui os mesmos totens que ele.

Os clãs matrilineares predominam na Austrália Oriental, em Queensland, na Nova Gales do Sul, na parte ocidental de Vitória e também numa pequena região do sudoeste da Austrália Ocidental. Da pretensa ignorância (que é mais verosímil que seja uma denegação) do papel do pai no matrimónio, resulta que a criança receba da mãe uma carne e um sangue continuadamente perpetuados em linha feminina. Os membros de um mesmo clã são então ditos formar «uma só carne», e, nas línguas do leste da Austrália Meridional, o mesmo termo que designa a carne designa também o totem. Desta identificação carnal do clã e do totem decorrem, ao mesmo tempo, a regra de exogamia clânica no plano social e as proibições alimentares no plano religioso: o semelhante não deve confundir-se com o semelhante, seja por consumo alimentar, seja por copulação.

Nestes sistemas, cada clã possui geralmente um totem principal e um número muito elevado de totens secundários e terciários, ordenados em ordem de importância decrescente. No limite, todos os seres, coisas e fenómenos naturais são englobados num verdadeiro sistema. A estrutura do universo reproduz a da sociedade.

Encontramos os clãs de tipo patrilinear na Austrália Ocidental, no Território do Norte, na península do cabo York, e na costa, no limite da Nova Gales do Sul e de Queensland. Estes clãs são totémicos como os matrilineares, mas, diferentemente destes, cada um se confunde com uma horda local patrilinear, e o laço espiritual com o totem estabelece-se não mais carnalmente, mas localmente, por intermédio dos sítios totémicos situados no território da horda. Decorrem duas consequências desta situação, conforme a transmissão do totem se faça também em linha paterna ou esta transmissão seja do tipo «concecional».

No primeiro caso, o totemismo patrilinear não acrescenta nada à exogamia local. Religião e estrutura social estão numa relação harmónica: do ponto de vista do estatuto dos indivíduos, reduplicam-se. É o inverso do que tínhamos verificado no caso dos clãs matrilineares, porque, sendo a residência sempre patrilocal na Austrália, a relação entre regra de filiação e regra de residência era então desarmónica, compondo os seus efeitos respetivos para definir um estatuto individual que não é nunca exatamente nem o de um ou outro dos pais([5]). Por outro lado, o totemismo não tem nenhuma relação com a teoria indígena da procriação. A pertença ao mesmo totem exprime apenas um fenómeno local: a solidariedade da horda.

Quando a determinação do totem se faz pelo método concecional (quer se trate, como é o caso entre os Aranda, do sítio da conceção ou, a oeste da Austrália Meridional, do lugar de nascimento), a situação complica-se: sendo a residência, aí também, patrilocal, a conceção e o nascimento têm todas as hipóteses de se produzir no território da horda paterna, conservando assim a regra de transmissão dos totens um caráter indiretamente patrilinear. Apesar disso, pode haver exceções, sobretudo quando as famílias se deslocam, e, nessas sociedades, é só provável que o totem dos filhos fique compreendido no número dos da horda paterna. Quer se trate de uma consequência quer de um fenómeno concomitante, não se encontra regra de exogamia totémica entre os Aranda (pelo menos nos do Norte). Estes abandonam a regulamentação da exogamia às relações de parentesco ou ao sistema de subsecções, que são inteiramente independentes dos

---

([5]) Os termos *harmónico* e *desarmónico* foram definidos, e as suas implicações, estudadas, nas *Estruturas Elementares do Parentesco*.

clãs totémicos(⁶). É notável que, de modo correlativo, as proibições alimentares são mais flexíveis e mesmo às vezes inexistentes (como nos Yaralde) nas sociedades com clãs patrilineares, enquanto as formas estritas parecem sempre associadas aos clãs matrilineares.

Será suficiente citar, como apontamento, uma última forma de totemismo descrita por Elkin: o totemismo «de sonho» (*dream totemism*), que se encontra no Noroeste, entre os Karadjeri, e nas regiões do oeste da Austrália Meridional, entre os Dieri, Macumba e Loritja. O totem «de sonho» pode ser revelado à futura mãe quando sente os primeiros sinais da gravidez, por vezes após a ingestão de uma carne que lhe parece de essência sobrenatural, porque anormalmente gorda. O totem «de sonho» permanece distinto do totem «cultual», determinado pelo lugar de nascimento da criança.

De uma longa análise, retomada e completada por outros trabalhos, e que não fizemos mais do que resumir e comentar brevemente aqui, Elkin conclui que existem na Austrália formas de totemismo heterogéneas. Elas podem acumular-se: assim, os Dieri que vivem no noroeste da Austrália Meridional possuem simultaneamente um totemismo de metades, um totemismo sexual, um totemismo de clã matrilinear e um totemismo cultual ligado à residência patrilocal. Mais ainda, nestes indígenas, o totem cultual do irmão da mãe é respeitado pelo filho da irmã além do do seu pai (o único que ele irá transmitir aos seus filhos). No norte Kimberley, encontram-se associados totemismos de metade, de horda patrilinear local e de sonho. Os Aranda do Sul têm cultos totémicos patrilineares (que se confundem com totens de sonho) e cultos totémicos herdados do irmão da mãe, enquanto entre os outros Aranda se encontra um totemismo concecional individual, associado ao respeito do totem materno.

Convém então distinguir «espécies» irredutíveis: o totemismo individual; o totemismo social, no qual se distinguirão, enquanto variedades, os totemismos sexual, de metade, de secção, de subsecção

---

(⁶) Sobre este ponto, as observações de SPENCER e GILLEN são contestadas atualmente. Voltaremos a isso noutra obra. Basta-nos notar aqui que, mesmo na interpretação moderna (ELKIN 3), as instituições Aranda permaneceram marcadas diferencialmente em relação às dos seus vizinhos do Norte e do Sul.

e de clã (seja patrilinear, seja matrilinear); o totemismo cultual, de essência religiosa e que tem duas variedades: uma patrilinear, outra concecional; enfim, o totemismo de sonho, que pode ser social ou individual.

Como se vê, a diligência de Elkin começou por ser uma reação saudável contra as amálgamas, imprudentes ou impudentes, a que os teóricos do totemismo tinham recorrido, para o constituir sob a forma de uma instituição única, e recorrente num grande número de sociedades. Não há dúvida de que o mesmo esforço de investigação realizado pelos etnólogos australianos a seguir a Radcliffe-Brown, e singularmente por Elkin, permanece como base indispensável para qualquer nova interpretação dos factos australianos. Sem desrespeito pela admiração a que tem direito como uma das mais fecundas escolas antropológicas contemporâneas e o seu ilustre chefe, podemos perguntar-nos se este não se deixou aprisionar, tanto no plano teórico quanto metodológico, num dilema que não é inevitável.

Embora o seu estudo se apresente numa forma objetiva e empírica, parece que Elkin tenta reconstruir no terreno devastado pela crítica americana. A sua atitude perante Radcliffe-Brown é mais equívoca. Como veremos adiante, Radcliffe-Brown pronunciara-se sobre o totemismo em 1929, em termos tão negativos quanto os de Boas; embora insistisse mais nos factos australianos, propondo distinções que são praticamente as mesmas que Elkin retomou. Mas enquanto Radcliffe-Brown utilizava essas distinções para fazer explodir, se assim se pode dizer, a noção de totemismo, Elkin orienta-se noutra direção: da diversidade das formas australianas de totemismo ele não retira, segundo Tylor, Boas e mesmo Radcliffe-Brown, que a noção de totemismo é inconsistente e que uma revisão atenta dos factos levará à sua dissolução. Limita-se a contestar a sua unidade, como se acreditasse poder salvar a realidade do totemismo reconduzindo-o a uma multiplicidade de formas heterogéneas. Para ele, não há mais *um* totemismo, mas *vários* totemismos, cada um existindo como entidade irredutível. Em vez de contribuir para destruir a hidra (e no terreno em que isso seria decisivo, dado o papel dos factos australianos na elaboração das teorias totémicas), Elkin corta-a em pedaços e faz as pazes com ela. Mas é a própria noção de totemismo que é ilusória, e não só a sua unidade. Por outras palavras, Elkin acredita poder *reificar* o totemismo com a condição de o *atomizar*. Parodiando a fórmula cartesiana, pode dizer-se que ele divide a dificuldade, com o *pretexto* de a resolver melhor.

A tentativa não seria perigosa, e podia mesmo ser considerada a 42.ª, 43.ª ou 44.ª teoria do totemismo, se — diferentemente da maioria dos seus predecessores — o autor não fosse um grande etnógrafo de terreno. Como é o caso, a teoria corre o risco de fazer ricochete sobre a realidade empírica e desagregá-la sob o choque. E foi o que se produziu: podia preservar-se a homogeneidade e regularidade dos factos australianos (que explicam o seu lugar eminente na reflexão etnológica), mas com a condição de renunciar ao totemismo como um modo sintético da sua realidade; ou então, mantendo — mesmo na pluralidade — o totemismo como série real, expúnhamo-nos a que os próprios factos fossem infetados por este pluralismo. Em vez de deixar explodir a doutrina para melhor respeitar os factos, Elkin dissocia os factos para que a doutrina se salve. Mas ao querer conservar a qualquer preço uma realidade ao totemismo, arrisca-se a reduzir a etnografia australiana a uma coleção de factos heterogéneos, entre os quais se torna impossível restabelecer uma continuidade.

Em que estado tinha então Elkin encontrado a etnografia australiana? Sem dúvida, estava prestes a sucumbir às destruições do espírito de sistema. Era muito tentador, e dissemo-lo, considerar só as formas que pareciam mais bem organizadas, dispô-las em ordem de complexidade crescente e, finalmente, subestimar resolutamente os seus aspetos que — como o totemismo Aranda — se deixavam integrar dificilmente.

Mas, perante uma situação deste tipo, pode haver duas reações. Seja deitar fora, como dizem os ingleses, o bebé com a água do banho, abandonando qualquer esperança de interpretação sistemática, em vez de a retomar e começar de novo. Seja confiando suficientemente nos esboços de ordem já entrevistos para alargar as perspetivas, e procurar um ponto de vista mais geral que permita integrar as formas de que se entende a regularidade e aquelas de que a resistência à sistematização se poderá explicar, não por características intrínsecas, mas porque foram mal definidas, incompletamente analisadas, ou encaradas de um ângulo demasiado estrito.

O problema pôs-se precisamente nestes termos, a propósito das regras de casamento e dos sistemas de parentesco, e, num outro trabalho, dedicamo-nos a formular uma interpretação de conjunto que desse conta, ao mesmo tempo, dos sistemas de que já se tinha feito a análise teórica e de outros ainda tidos por irregulares ou aberrantes. Mostramos que, *com a condição de mudar a conceção que fazíamos, em geral, das regras de casamento e dos sistemas de parentesco*, era possível dar uma interpretação coerente do conjunto dos factos deste tipo.

Ora, no caso do totemismo, Elkin prefere não pôr a noção em causa (a não ser substituir a pretensa «espécie» sociológica por variedades irredutíveis, e que por isso mesmo se tornam elas próprias espécies) e resigna-se a que os fenómenos sejam assim sujeitos ao despedaçamento. Parece-nos, pelo contrário (embora não seja este o lugar para o mostrar)([7]), que mais teria valido, e renovando a tarefa evocada no parágrafo anterior, começar por procurar se era possível alargar o campo de interpretação, e depois acrescentar-lhe dimensões suplementares, na esperança de reconstituir um sistema global, mas que integrasse desta vez os fenómenos sociais *e religiosos*, mesmo que a noção sintética do totemismo não resistisse a este tratamento.

Voltemos à progressão aritmética das classes, já que tudo começa aí. Como lembrámos, muitos autores a interpretaram como uma série genética. De facto, as coisas não são tão simples, porque as metades não se «transformam» em secções, nem as secções em subsecções. O esquema lógico não consiste em três etapas que poderíamos supor necessárias: 2, 4, 8; é antes do tipo:

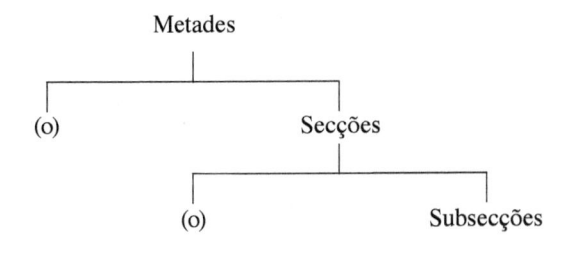

```
            Metades
               |
       ┌───────┴───────┐
      (o)            Secções
                       |
               ┌───────┴───────┐
              (o)           Subsecções
```

([7]) A questão será retomada noutra obra.

Por outras palavras: as organizações podem ser só de metades, ou de secções, ou de subsecções, ou ainda constituídas por duas das provas com exclusão da terceira, como demonstrou Elkin. Mas terá de se concluir daí que a razão de ser última destes modos de agrupamento não pode encontrar-se no plano sociológico e tem de ser procurada no plano religioso?

Considere-se primeiro o caso mais simples. A teoria das organizações dualistas sofreu por muito tempo de uma confusão maior entre os sistemas de metades, empiricamente dados e observáveis no estado de instituição, e o esquema dualista, sempre implicado nas organizações de metades, mas que também se manifesta fora daí em formas desigualmente objetivadas, e que poderia mesmo ser universal. Ora, este esquema dualista subjaz não só aos sistemas de metades, mas também às secções e subsecções; e manifesta-se já no facto de as secções e subsecções serem sempre múltiplos de dois. É então um falso problema perguntarmo-nos se organizações de metades precederam necessariamente no tempo as formas mais complexas. Poderá ter sido assim, nos casos em que o sistema se concretizara já em instituição; mas o esquema dualista pode também tomar imediatamente, no plano institucional, uma forma mais desenvolvida. É assim concebível que, conforme as circunstâncias, a forma simples nasça por absorção da forma complexa, ou que a tenha precedido no tempo. A primeira hipótese foi favorecida por Boas ([8]), mas não corresponde minimamente ao único modo de génese possível, porque já vimos, entre os Nambikwara do Brasil Central, uma organização dualista constituir-se em frente dos nossos olhos, não por redução de grupos anteriormente mais numerosos, mas por composição de duas unidades sociais simples, e de início isoladas.

O dualismo não pode por isso ser concebido como uma estrutura social primitiva, ou anterior a outras. Pelo menos no estado de sistema, fornece o substrato comum às organizações de metades, às secções e às subsecções. Todavia, não é certo que se possa estender a estas últimas o raciocínio, já que — diferentemente do dualismo — não há esquema tripartido, nem de oito partes, manifesto no pensamento

---

([8]) Cf. acima, p. 18.

australiano *independentemente das instituições concretas* que manifestam estruturas deste tipo. Para toda a Austrália, os autores só citam um caso em que a distribuição em quatro secções (cada uma designada pelo nome de uma espécie diferente de gavião) poderia proceder de uma quadripartição exaustiva e sistemática. Por outro lado, se as divisões em secções e subsecções fossem independentes da sua função sociológica, deveriam encontrar-se em não importa que número. Dizer que as secções são sempre quatro, as subsecções, sempre oito, seria tautológico, já que o seu número faz parte da sua definição; mas é significativo que a sociologia australiana não tenha tido necessidade de forjar outros termos, para caracterizar os sistemas de troca restrita. Assinalaram-se, na Austrália, organizações de seis classes: resultam de sociedades de quatro secções, que frequentes casamentos entre os seus membros levaram a designar pelo mesmo nome duas das suas secções respetivas:

```
    SOCIEDADE I        SOCIEDADE II
   ⏞               ⏞
   a          (c  =  e)         g
   b          (d  =  f)         h
```

É verdade que Radcliffe-Brown mostrou que, para a regulamentação dos casamentos, os Kariera se preocupam menos com a pertença à secção conveniente do que com o grau de parentesco. E entre os Wulamba (antes chamados Murngin) da Terra de Arnhem, as subsecções não têm papel real na regulamentação do casamento, já que este se faz com a prima cruzada matrilateral, que corresponderia melhor a um sistema de quatro secções. Mais geralmente, os cônjuges preferidos ou prescritos, se pertencem normalmente a uma dada classe (secção ou subsecção), não são os únicos a ocupá-la. Daí a ideia de que as secções e subsecções não têm por função única, nem talvez por principal, regulamentar os casamentos: segundo vários autores, Elkin por exemplo, constituiriam antes uma espécie de método abreviado para classificar os indivíduos, por altura das cerimónias intertribais, em categorias de parentesco correspondentes às necessidades do ritual.

Elas podem, sem dúvida, preencher esta função, como um código simplificado, e por isso mais fácil de utilizar, quando se põem questões de equivalência entre vários dialetos, ou entre várias línguas. Este código despreza necessariamente as diferenças, porque é simplificado em relação aos sistemas de parentesco próprios de cada grupo. Mas, se cumpre de facto a sua função, também não pode contradizer as codificações mais complexas. Reconhecer que cada tribo possui dois códigos para exprimir a sua estrutura social — o sistema de parentesco e as regras de casamento por um lado, a organização em secções ou subsecções por outro — não implica de modo nenhum, e exclui mesmo, que estes códigos se destinem por natureza a transmitir mensagens diferentes. A mensagem permanece a mesma; só podem diferir as circunstâncias e os destinatários:

> «As subsecções dos Murngin assentam num sistema de casamento e filiação, e constituem na sua essência uma estrutura de parentesco. Operam uma generalização a partir da estrutura de parentesco desenvolvida, em que o número das relações é bem mais elevado, classificando conjuntamente grupos de parentesco, e designando-os por um só termo. Os termos de parentesco resumem-se a oito por este método de agrupamento, já que o sistema de subsecções comporta oito divisões» (WARNER, p. 117).

O método é particularmente útil durante as assembleias intertribais:

> «Para as grandes cerimónias, vem gente de várias centenas de quilómetros em redor [...] e as suas terminologias de parentesco podem ser completamente diferentes. Mas os nomes de secções são praticamente os mesmos, e não há mais de oito: é, pois, relativamente mais fácil, para um indígena, descobrir qual é a sua relação, quanto à secção, com um estrangeiro» (WARNER, p. 122).

Mas — como mostramos já noutro sítio — seria errado concluir que:

> «[...] contrariamente à opinião dos autores antigos, o sistema de secções e subsecções não controla o casamento [...] já que é a relação

de parentesco que determina no fim de contas com quem se casarão [...] entre os Murngin, um homem casa-se com uma mulher B_1 ou B_2, se ele for A_1 ou A_2» (ibid., pp. 122–123).

Sem dúvida. Mas: 1) Ele não pode casar-se com outra, exprimindo assim o sistema, à sua maneira, a regulamentação dos casamentos no que diz respeito às secções, se não às subsecções; 2) Mesmo no que concerne às subsecções, restabelece-se a coincidência entre classe e relação de parentesco, desde que se admita que os dois tipos de casamento são praticados em alternância; 3) «A opinião dos autores antigos» assentava na consideração de grupos que, mesmo que não tivessem concebido eles mesmos o sistema das subsecções com todas as suas implicações sociológicas, o tinham ao menos perfeitamente assimilado. Não é o caso dos Murngin, que não podem ser postos no mesmo plano.

Não há pois nenhuma razão, parece-nos, para voltar à conceção tradicional das classes matrimoniais.

Um sistema de quatro secções só pode explicar-se, na origem, como um processo de integração sociológica de um duplo dualismo (sem que seja necessária a anterioridade de um em relação ao outro), e um sistema de oito subsecções, como uma reduplicação do mesmo processo. Porque, se não obriga a que as organizações de quatro secções tenham sido antes organizações de metades, nos parece razoável admitir uma relação genética entre organizações de 8 subsecções e organizações de 4 secções: primeiro, porque se assim não fosse, deveriam encontrar-se organizações dotadas de um número qualquer de subdivisões; depois, porque se a dupla dualidade é ainda uma dualidade, a tripla faz intervir um novo princípio. Que se revela nos sistemas de 6 classes de tipo Ambrym-Pentecostes. Mas precisamente, estes sistemas não aparecem na Austrália ([9]), onde os sistemas de 8 subsecções só podem assim resultar de uma operação do tipo: 2 x 4.

([9]) O contrário foi sustentado (LANE), mas, embora um sistema do tipo dito Karadjeri possa teoricamente funcionar só com três linhas, nada nos factos observados sugere uma tripartição efetiva, já que o próprio Elkin estabeleceu a existência de uma quarta linha de filiação (ELKIN [3], tiragem de 1961, pp. 77–79).

Como interpretar então os casos, evocados por Elkin, em que as subsecções parecem puramente totémicas, e sem incidência na regulamentação dos casamentos? Em primeiro lugar, a exploração que faz destes exemplos não é de todo convincente. Limitemo-nos ao caso dos Murngin. O sistema das subsecções é aí tão pouco estranho à regulamentação do casamento, que foi manipulado, de maneira engenhosa e complicada, com o objetivo único de restabelecer a correspondência: instaurando as subsecções, os indígenas alteraram o seu mecanismo (pela introdução de uma regra de casamento opcional, chamada a funcionar uma vez em cada duas aproximadamente), de modo a anular a incidência da divisão em subsecções sobre as trocas matrimoniais. A única conclusão que pode tirar-se deste exemplo é que, apelando às subsecções, os Murngin não procuraram aplicar um método de integração social melhor do que o que praticavam anteriormente, ou que assentasse em princípios diferentes. Mantendo uma estrutura tradicional, vestiram-na, se pode dizer-se, disfarçando-a sob aparências tiradas de populações vizinhas, e levados pela admiração que parecem inspirar aos indígenas australianos as instituições sociais muito complicadas.

Conhecem-se outros exemplos destes empréstimos:

> «Antigamente, os Murinbata só tinham metades patrilineares. As subsecções são de introdução recente, importadas por alguns indígenas excecionalmente inteligentes e grandes viajantes, que se instruíram em acampamentos estrangeiros, até terem aprendido perfeitamente o mecanismo das subsecções. Mesmo quando não são compreendidas, estas regras gozam de um prestígio considerável, embora haja reacionários de ambos os lados. Sem dúvida, o sistema das subsecções exerce uma atração irresistível para estas tribos [...] Contudo, por causa do caráter patrilinear do sistema anterior, as subsecções foram inabilmente atribuídas, resultando daí um grande número de casamentos irregulares de um ponto de vista formal, embora sejam respeitadas as relações de parentesco» (resumido de STANNER).

Um sistema imposto de fora também resulta, às vezes, incompreensível. T. G. H. Strehlow conta a história de dois Aranda meridionais classificados pelos seus vizinhos do Norte em subsecções diferentes, se bem que eles se chamassem simultaneamente pelo nome de irmão:

«Os dois meridionais tinham sido colocados em classes diferentes por estes recém-chegados, porque um deles se tinha casado com uma mulher originária de um grupo de 8 subsecções; e o casamento estava agora "legalizado" nos termos de uma teoria estrangeira. Acabaram por me dar estas explicações formulando objeções severas aos Aranda setentrionais, presunçosos o suficiente para impor o seu sistema ao velho território do Sul, onde os homens conheciam uma existência controlada sob o regime das 4 classes há tanto tempo quanto permitiam saber as lembranças e as tradições: "O sistema das 4 classes é, para nós, gente do Sul, o melhor dos dois; não percebemos nada das 8 classes. É um sistema absurdo e que não serve para nada, só é bom para malucos, como os Aranda do Norte; mas *nós* não herdamos dos *nossos* antepassados este costume estúpido."» (STREHLOW, p. 72).

Consideremos então que, sempre que se inventaram secções ou subsecções, se copiaram ou se importaram inteligentemente, a sua função foi primeiramente sociológica, quer dizer, elas serviram — e frequentemente ainda servem — para codificar, sob uma forma relativamente simples e aplicável para lá dos limites tribais, o sistema de parentesco e o das trocas matrimoniais. Mas que, uma vez dadas, estas instituições começam a viver uma existência independente: como objeto de curiosidade ou de admiração estética; como símbolos também, pela sua complicação, de um tipo de civilização mais elevada. Frequentemente, devem ter sido tomadas de empréstimo, por elas mesmas, por populações vizinhas que compreendiam imperfeitamente a sua função. Nestes casos, foram aproximativamente ajustadas às regras sociais preexistentes, ou nem isso. O seu modo de existência permanece ideológico; os indígenas «jogam» às secções e subsecções quando lhes estão submetidos, sem saberem, na realidade, servir-se delas. Por outras palavras, e ao inverso do que crê Elkin, *não é por serem totémicos que tais sistemas devem ser declarados irregulares: é porque são irregulares que não podem ser senão totémicos*, fornecendo o totemismo — na falta da organização social — o único plano em que lhes é possível funcionar, por causa do seu caráter especulativo e gratuito. Mesmo assim, o termo «irregular» não tem o mesmo sentido nos dois casos. Elkin evoca estes exemplos para condenar implicitamente qualquer esforço de tipologia sistemática, que tende a substituir por um simples inventário, ou descrição empírica, de modalidades heterogéneas. Mas, para nós, o termo «irregular» não contradiz a existência de formas regulares; aplica-se só a formas patológicas, menos frequentes do que costuma dizer-se, e cuja realidade — supondo que tenha sido claramente estabelecida — não poderia ser posta no mesmo plano que o das formas normais. Como dizia Marx, o exantema não é tão positivo quanto a pele.

Não poderá, de resto, adivinhar-se, por detrás das categorias empíricas de Elkin, um esboço de sistema? Ele opõe, justamente, o totemismo dos clãs matrilineares ao dos clãs patrilineares. No primeiro caso o totem é «carne»; no segundo é «sonho». Por isso, orgânico e material num caso, espiritual e incorpóreo no outro. Além disso, o totemismo matrilinear atesta a continuidade diacrónica e biológica do clã, é a carne e o sangue perpetuados de geração em geração pelas mulheres da linha de filiação; enquanto o totemismo patrilinear exprime a «solidariedade local da horda», quer dizer, o laço externo, e não mais interno, territorial, e não mais biológico, que une sincronicamente — e não mais diacronicamente — os membros do clã.

Tudo isto é verdadeiro, mas terá de se concluir que estamos perante «espécies» sociológicas diferentes? É tão pouco certo, que a oposição pode ser invertida: o totemismo matrilinear tem também uma função sincrónica, que é, para cada território patrilocal onde vêm residir as esposas provenientes de clãs diferentes, a de exprimir na simultaneidade a estrutura diferencial do grupo tribal. Por sua vez, o totemismo patrilinear tem uma função diacrónica: exprime a continuidade temporal da horda, comemorando periodicamente, pelo ministério dos grupos cultuais, a instalação dos antepassados míticos num território determinado.

Longe de se mostrarem heterogéneas, as duas formas de totemismo parecem estar antes numa relação de complementaridade. Passa-se de uma à outra por meio de transformações. Embora com meios diferentes, ambas estabelecem uma conexão entre mundo material e mundo espiritual, diacronia e sincronia, estrutura e acontecimento. São duas maneiras diferentes, mas correlativas, duas maneiras possíveis entre outras, de manifestar atributos paralelos da natureza e da sociedade. Elkin sente-o tão bem, que depois de ter retalhado o totemismo em unidades distintas se esforça por lhes restituir alguma unidade. Todos os tipos de totemismo, conclui, cumprem uma dupla função, que é de exprimir, por um lado, o parentesco e a cooperação do homem com a natureza, por outro, a continuidade entre o presente e o passado. Mas a fórmula é tão vaga e geral, que não se chega a compreender porque é que esta continuidade temporal implicaria que os primeiros antepassados deveriam ter aparência animal, nem porque é que a solidariedade do grupo social deveria necessariamente afirmar-se sob a forma de uma pluralidade de cultos. Não é só o totemismo, mas toda a filosofia e toda a religião, sejam elas quais forem, que apresentam as características pelas quais Elkin pretende defini-lo:

> «[...] uma filosofia que [...] engendre suficiente fé, esperança e coragem para que o homem, confrontado com as suas necessidades quotidianas, queira perseverar e persistir, como indivíduo ou como membro da sociedade» (ELKIN [2], p. 131).

Seriam necessárias tantas observações, tantos inquéritos, para chegar a esta conclusão? Entre as análises ricas e penetrantes de Elkin e esta síntese sumária não se percebe nenhuma ligação. O vazio que reina entre os dois planos evoca irresistivelmente aquele de que no séc. XVIII se acusava a harmonia de Grétry, dizendo que entre os seus altos e baixos podia passar uma carruagem.

CAPÍTULO III

OS TOTEMISMOS FUNCIONALISTAS

Acabamos de ver como Elkin tentou salvar o totemismo: abrindo o seu dispositivo para deixar passar a ofensiva americana, enquanto reagrupava as suas forças em dois flancos, um apoiado numa análise mais fina, o outro, numa síntese mais grosseira do que as dos seus predecessores. Mas na verdade, esta estratégia reflete as influências principais que sofreu, e que o puxam em direções opostas: de Radcliffe-Brown recebeu um método de observação escrupulosa e o gosto da classificação; enquanto o exemplo de Malinowski o incita às generalizações apressadas e às soluções ecléticas. As análises de Elkin inspiram-se nas lições de Radcliffe-Brown; a sua tentativa de síntese está próxima da de Malinowski.

Com efeito, Malinowski admite a realidade do totemismo. Todavia, a sua resposta às críticas americanas não consiste, como fez Elkin, em estabelecer o totemismo nos factos com o risco de o fragmentar em entidades distintas, mas em transcender o domínio da observação, para o apreender intuitivamente na sua unidade e na sua simplicidade reencontradas. Com este objetivo, Malinowski adota uma perspetiva mais biológica e psicológica do que propriamente etnológica. A interpretação que avança é naturalista, utilitária e afetiva.

Para ele, o pretenso problema totémico reduz-se a três questões a que é fácil responder, quando tomadas separadamente. Primeiro, porque recorre o totemismo a animais e plantas? É que estes fornecem ao homem o seu alimento, e que esta necessidade está em primeiro lugar na consciência do primitivo, na qual suscita emoções intensas e variadas. Não há nada de espantoso em que um certo número de espécies animais e vegetais que constituem a alimentação base da tribo se tornem, para os seus membros, num centro de interesse maior:

> «É curto o caminho que leva da floresta virgem ao estômago, e depois ao espírito do selvagem: o mundo oferece-se-lhe como um quadro confuso em que se destacam só as espécies animais e vegetais úteis, e em primeiro lugar as que são comestíveis» (MALINOWSKI [1], p. 27).

Perguntaremos o que funda a crença numa afinidade do homem com as plantas e os animais, os ritos de multiplicação, as proibições alimentares, e as formas sacramentais de consumo. A afinidade entre o homem e o animal é facilmente verificável: como o homem, o animal desloca-se, emite sons, exprime emoções, possui um corpo e uma face. Mais ainda, os seus poderes parecem superiores aos do homem: a ave voa, o peixe nada, os répteis mudam de pele. Entre o homem e a natureza, o animal ocupa uma posição intermédia, e inspira ao primeiro sentimentos confusos: admiração ou medo, avidez alimentar, que são os ingredientes do totemismo. Os objetos inanimados — plantas, fenómenos naturais ou objetos manufaturados — só intervêm a título de «formação secundária [...] que não tem nada que ver com a substância do totemismo».

Quanto aos cultos, correspondem ao desejo de controlar a espécie, seja ela comestível, útil ou perigosa, e a crença em tal poder implica a ideia de uma comunidade de vida: é preciso que homem e animal participem da mesma natureza para que o primeiro possa agir sobre o segundo. Resultam disto «restrições evidentes», como a interdição de matar ou comer o animal, assim como a afirmação correlativa do poder, próprio do homem, de provocar a sua multiplicação.

A última questão concerne à concomitância, no totemismo, de um aspeto sociológico e de um aspeto religioso, porque, até agora, só o primeiro foi considerado. Mas é que todo o ritual tende para a magia, e que toda a magia tende para a especialização individual ou familiar:

> «No totemismo, a multiplicação mágica de cada espécie deve naturalmente tornar-se dever ou privilégio de um especialista assistido pelos seus parentes próximos» (p. 28).

Como a própria família tende a transformar-se em clã, a afetação de um totem diferente a cada clã não põe problema. E assim, o totemismo explica-se:

> «O totemismo aparece-nos como uma bênção dada pela religião ao homem primitivo, no seu esforço para retirar do meio o que pode ser-lhe útil, e na sua luta pela vida» (p. 28).

O problema é pois duplamente invertido: o totemismo não é mais um fenómeno cultural, mas «o resultado natural de condições naturais». Na sua origem e nas suas manifestações, releva da biologia e da psicologia, não da etnologia. Não se trata mais de saber porque é que ele existe, onde existe e de formas diferentes, cuja observação, descrição e análise só apresentam um interesse secundário. O único problema que poderia pôr-se — mas será posto? — seria compreender porque não existe em todos os lados...

Não imaginemos, com efeito, que, com os toques da varinha — demasido leves e ligeiros — da fada Malinowski, o totemismo se tenha dissipado como uma nuvem. O problema foi simplesmente revirado. E, da cena, só a etnologia, com todas as suas conquistas, o seu saber e os seus métodos, poderá na realidade ter desaparecido.

No fim da sua vida, Radcliffe-Brown viria a contribuir de modo decisivo para liquidar o problema totémico, conseguindo isolar e desvelar os problemas reais dissimulados por detrás das fantasmagorias dos teóricos. É o que chamaremos a sua segunda teoria. Mas é indispensável começar por examinar a primeira, cujo caminho, muito mais analítico e rigoroso, em princípio, do que o de Malinowski, conduz, contudo, a conclusões muito próximas.

Embora Radcliffe-Brown não o tenha sem dúvida admitido, o seu ponto de partida confunde-se com o de Boas. Como este, ele pergunta-se se «o termo totemismo, tomado na sua aceção técnica, não terá sobrevivido à sua utilidade». Como Boas, e quase nos mesmos termos, anuncia o seu projeto, que será reconduzir o pretenso totemismo a um caso particular das relações entre o homem e as espécies naturais, como formuladas pelo mito e o ritual.

A noção de totemismo foi forjada com elementos retirados de instituições diferentes. Só na Austrália, devem distinguir-se vários totemismos: sexual, local, individual; de metade, de secção, de subsecção, de clã (patrilinear e matrilinear), de horda, etc.:

> «Tudo o que estes sistemas totémicos têm em comum é uma tendência geral para caracterizar os segmentos da sociedade pela associação de cada segmento a algumas espécies naturais, ou a uma porção da natureza. Esta associação pode revestir um grande número de formas diferentes» (RADCLIFFE-BROWN [2], p. 122).

Até agora, tentou sobretudo chegar-se à origem de cada forma. Mas, como ignoramos tudo, ou quase tudo, do passado das sociedades indígenas, a tarefa permanece conjetural e especulativa.

Às investigações históricas, Radcliffe-Brown pretende substituir um método indutivo, inspirado das ciências naturais. Por detrás da complexidade empírica, procurará então atingir-se alguns princípios simples:

> «Poderemos mostrar que o totemismo é uma forma especial de um fenómeno universalmente presente nas sociedades humanas, e que aparece por isso em todas as culturas, mas sob formas diferentes?» (P. 123.)

Durkheim foi o primeiro a pôr o problema nestes termos. Embora prestando-lhe homenagem, Radcliffe-Brown rejeita a sua argumentação, que procede de uma análise incompleta da noção de sagrado. Dizer que o totem é sagrado equivale a verificar que existe uma relação ritual entre o homem e o seu totem, admitindo-se que, por «relação ritual», se designa um conjunto de atitudes e condutas obrigatórias. Consequentemente, a noção de sagrado não dá explicação; remete só para o problema geral das relações rituais.

Para que a ordem social seja mantida (e se o não fosse, não haveria mais problemas, já que a sociedade considerada desapareceria ou transformar-se-ia numa sociedade diferente), é necessário assegurar a permanência e solidariedade dos clãs, que são os elementos de que a sociedade é composta. Esta permanência e esta solidariedade só podem repousar em sentimentos individuais, e estes reclamam, para se manifestarem eficazmente, uma expressão coletiva, que deve fixar-se em objetos concretos:

> *sentimentos individuais de pertença.*
> ↓
> *condutas coletivas, ritualizadas.*
> ↓
> *objeto representativo do grupo.*

Assim se explica o papel atribuído, nas sociedades contemporâneas, a símbolos como bandeiras, reis, presidentes, etc.

Mas porque é que o simbolismo evoca animais ou plantas? Durkheim deu uma explicação contingente deste fenómeno: a permanência e a continuidade do clã só requerem um emblema, que pode ser — e que deve ser na origem — um signo arbitrário, bastante simples, para que qualquer sociedade possa conceber a sua ideia, mesmo na falta de meios de expressão artística. Se se «reconhecem» posteriormente nesses signos a representação de animais ou de plantas, é porque os animais e as plantas estão presentes, são acessíveis e fáceis de significar. Para Durkheim, consequentemente, o lugar que o totemismo dá aos animais e vegetais constitui uma espécie de fenómeno ao retardador. Era natural que se produzisse, mas não oferece nada de especial. Ao contrário, Radcliffe-Brown afirma que a ritualização das relações entre homem e animal fornece um quadro mais geral e mais vasto do que o totemismo, e no interior do qual o totemismo deve ter-se elaborado. Esta atitude ritual está atestada em povos sem totemismo, como os Esquimós, e conhecem-se outros exemplos, igualmente independentes do totemismo, já que os ilhéus Andaman observam uma conduta ritual ante as tartarugas, que têm um lugar importante na sua alimentação, os índios californianos, ante os salmões, e todos os povos árticos, ante os ursos. Estas condições estão de facto universalmente presentes nas sociedades de caçadores.

As coisas ficariam por aí se não aparecesse nenhuma fragmentação social. Mas, desde que esta se produz, a segmentação ritual e religiosa segue-se-lhe automaticamente. Assim, no catolicismo, o culto dos santos desenvolveu-se com a organização das paróquias e a individualização religiosa. Esta mesma tendência aparece pelo menos esboçada entre os Esquimós, com a divisão em «povo do inverno» e «povo do verão», e a dicotomia ritual correspondente.

Admitindo-se duplamente, como o sugere sempre a observação e em todos os lados, que os interesses naturais suscitam condutas ritualizadas, e que a segmentação ritual segue a segmentação social, o problema do totemismo dissolve-se e dá lugar a um problema diferente, mas que tem a vantagem de ser muito mais geral:

> «Porque é que a maioria dos povos chamados primitivos adota, nos seus costumes e mitos, uma atitude ritual perante os animais e as outras espécies naturais?» (P. 129.)

Radcliffe-Brown pensa que as análises precedentes forneceram a resposta: é um facto universalmente atestado que todas as coisas ou acontecimentos que exercem uma influência importante no bem-estar material ou espiritual de uma sociedade tendem a tornar-se objetos de uma atitude ritual. Se o totemismo escolhe as espécies naturais para servirem de emblemas sociológicos aos segmentos da sociedade, é simplesmente porque antes da aparição do totemismo estas espécies eram já objeto de atitudes rituais.

Radcliffe-Brown inverte assim a interpretação durkheimiana, segundo a qual os totens são objeto de atitudes rituais (na linguagem de Durkheim: «sagradas») por antes terem sido chamados a servir de emblemas sociológicos. Para Radcliffe-Brown, a natureza é incorporada na ordem social mais do que lhe é subordinada. De facto, e neste estádio de desenvolvimento do seu pensamento, Radcliffe-Brown «naturaliza», se pode dizer-se, o pensamento durkheimiano. Não pode admitir que um método, ostensivamente importado das ciências naturais, conduza ao resultado paradoxal de constituir o social num plano separado. Dizer que a etnologia está sujeita ao método das ciências naturais equivale para ele a afirmar que ela é uma ciência natural. Não basta pois — como fazem as ciências naturais, mas a outro nível — observar, descrever e classificar: o próprio objeto de observação deve ser parte da natureza, ainda que modestamente. A interpretação final do totemismo pode conceder a preeminência à segmentação social sobre a segmentação ritual e religiosa; uma e outra permanecem, ao mesmo título, função de interesses «naturais». Segundo a primeira teoria de Radcliffe-Brown, como para Malinowski, um animal só se torna «totémico» se for, primeiramente, «bom para comer».

Contudo, o investigador incomparável que foi Malinowski sabia melhor do que ninguém que não se chega ao fim de um problema concreto por meio de generalidades. Quando estuda não o totemismo no seu conjunto, mas a forma particular que ele toma nas ilhas Trobriand, as considerações biológicas, psicológicas e morais deixam o campo livre à etnografia, e mesmo à história.

Perto da aldeia de Laba'i, encontra-se um orifício chamado Obukula, por onde é suposto terem saído das entranhas da terra os quatro clãs que compõem a sociedade trobriandesa. Primeiro emergiu a iguana, animal do clã Lukulabuta; depois o cão, do clã Lukuba, que ocupava então o primeiro lugar; depois veio o porco, representando o clã Malasi, que é atualmente o principal; finalmente o totem do clã Lukwasisiga: crocodilo, serpente ou opossum, segundo as versões. O cão e o porco puseram-se a vaguear por aqui e por ali; o cão encontrou no chão um fruto da árvore *noku*, farejou-o e comeu-o. Então, o porco disse-lhe: «Comeste *noku*, comeste porcaria, és de baixo nascimento. Eu é que serei o chefe.» Desde então, a chefia pertence à mais alta linhagem do clã Malasi. Com efeito, o fruto do *noku*, colhido só em período de escassez, é considerado um alimento inferior (MALINOWSKI [2], vol. II, p. 499).

Como o próprio Malinowski assinala, estes animais totémicos estão longe de ter uma importância igual na cultura indígena. Dizer, como ele faz, que a insignificância do que foi primeiro nomeado — a iguana — e dos que vieram no fim — crocodilo, serpente ou opossum — se explica pelo lugar inferior atribuído aos clãs correspondentes está em contradição com a sua teoria geral do totemismo, já que esta explicação é de ordem cultural, não natural: sociológica, e não mais biológica. Para se dar conta da hierarquia dos clãs, Malinowski teve ainda de encarar a hipótese de dois clãs serem provenientes de invasores chegados por mar, representando autóctones os dois outros. Além da hipótese ser histórica, por isso não generalizável (ao inverso da teoria geral que pretende a universalidade), ela sugere que o cão e o porco poderiam figurar no mito a título de animais «culturais», e os outros, a título de animais «naturais», já que mais associados estreitamente à terra, à água ou à floresta. Se nos fôssemos empenhar nesta via, ou numa paralela, seria necessário referir a etnozoologia melanésia (quer dizer, os conhecimentos positivos que os indígenas desta parte do mundo têm dos animais, a maneira como os utilizam nos planos técnico e ritual, e as crenças que mantêm a seu respeito), e não preconceitos utilitaristas, desprovidos de fundamento empírico particular. Por outro lado, é claro que relações como as que acabamos de evocar a título de exemplo são *concebidas*, não *vividas*. Ao formulá-las, o espírito deixa-se guiar por uma finalidade teórica mais do que prática.

Em segundo lugar, a busca de utilidade «a qualquer preço» esbarra nos inúmeros casos em que os animais ou plantas totémicos não oferecem nenhuma utilidade patenteada do ponto de vista da cultura indígena. Para respeitar os princípios, é necessário então manipular a noção de interesse, dar-lhe de cada vez um sentido apropriado, de tal maneira que a exigência empírica posta no início se transforme progressivamente em jogo verbal, petição de princípio, ou tautologia. O próprio Malinowski foi incapaz de se manter no axioma (que, contudo, funda o seu sistema) que reduz as espécies totémicas às espécies úteis, e sobretudo comestíveis; imediatamente, teve de avançar com outros motivos: admiração ou medo. Mas porque é que se encontram na Austrália totens tão heteróclitos como o riso, doenças várias, o vomitar e o cadáver?

Um gosto obstinado pelas interpretações utilitárias obriga às vezes a uma estranha dialética. Assim, Miss McConnel afirma que os totens dos WikMunkan (da costa do golfo de Carpentária, na Austrália Setentrional) reflectem interesses económicos: as tribos costeiras têm por totens o dugongo, a tartaruga-do-mar, diversos tubarões, caranguejos, ostras e outros moluscos, assim como o trovão, «que anuncia a estação do vento do norte», a maré alta, «que traz alimentos», e uma pequena ave «que é suposto proteger as operações de pesca». As populações do Interior também têm totens relacionados com o seu meio: rato-do-mato, canguru *wallaby*, erva miúda «de que se alimentam os animais», araruta, inhame, etc.

Já é mais difícil explicar a afeição pela estrela cadente — outro totem —, «que anuncia a morte de um parente». Mas é que, prossegue o nosso autor, além ou em vez da sua função positiva,

> «[...] os totens podem representar coisas perigosas e desagradáveis, como os crocodilos e moscas [noutros sítios também sanguessugas], que oferecem um interesse social negativo, no sentido em que não podem ignorar-se, mas que se podem multiplicar para prejudicar os inimigos e os estrangeiros» (McConnel, p. 183).

Desta maneira, dificilmente se encontraria alguma coisa que, num aspeto ou noutro, positivamente ou negativamente (ou mesmo, por causa da sua indiferença?), não pudesse ser dita oferecer um interesse, e a teoria utilitária e naturalista limitar-se-ia a uma série de proposições vazias de conteúdo.

Contudo, Spencer e Gillen tinham sugerido, há muito tempo, uma explicação muito mais satisfatória para a inclusão, no número dos totens, de espécies que um utilitarismo ingénuo consideraria simplesmente nocivas:

> «As moscas e os mosquitos são um flagelo tal, que, à primeira vista, tem-se dificuldade em compreender porque é que existem cerimónias destinadas a assegurar a sua multiplicação [...] Entretanto, não deve esquecer-se que as moscas e os mosquitos, embora muito detestáveis em si mesmos, estão intimamente associados ao que o indígena deseja obter acima de tudo, em certas épocas do ano, isto é, uma chuva forte» (p. 161).

O que leva a estabelecer que — e a fórmula poderia ser extensiva ao campo inteiro do totemismo — moscas e mosquitos não são percebidos como *estimulantes*, mas que são concebidos como *signos*.

No estudo que analisamos num capítulo precedente, Firth parece ainda voltado para as explicações utilitárias. O inhame, o taro, a noz de coco, o fruto da árvore do pão, são os víveres principais dos Tikopia e, como tal, são considerados infinitamente preciosos. Porém, quando se quer compreender porque é que os peixes comestíveis estão excluídos do sistema totémico, este tipo de interpretação deve ser matizado: antes da pesca, o peixe constitui uma entidade vaga e indiferenciada; ele não está aí, presente e observável, como estão as plantas alimentares nos jardins e pomares. Os rituais de pesca também não estão repartidos entre os clãs; estes celebram-nos solidariamente em torno das pirogas sagradas, por meio das quais os homens se aproximam dos peixes:

> «[...] quando se trata das plantas alimentares, a sociedade interessa--se pelo seu crescimento; quando se trata do peixe, interessa-se pela sua captura» (FIRTH [1], p. 614).

A teoria é engenhosa; mas, mesmo que a aceitássemos, ela mostraria já que a relação entre o homem e as suas necessidades é mediatizada pela cultura e não pode ser concebida simplesmente em termos de natureza. Como nota o próprio Firth:

> «[...] a maior parte das espécies totémicas não oferece interesse económico bem marcado» (ibid., p. 395).

Mesmo no que se refere aos alimentos vegetais, uma outra obra de Firth sugere que as coisas são mais complexas do que admite a interpretação utilitária. A noção de interesse económico comporta aspectos variados que convém distinguir, e que não coincidem sempre entre si, nem cada um deles com as condutas sociológicas e religiosas. É assim que se podem colocar as plantas alimentares em ordem hierárquica decrescente, segundo se encare o seu lugar na alimentação (I), o trabalho necessário para o seu cultivo (II), a complexidade do ritual destinado a assegurar o seu crescimento (III), a complexidade dos ritos de recolha (IV), finalmente, a importância religiosa dos clãs que controlam as espécies principais (V), a saber: Kafika (inhame), Taumako (taro), Tafua (coqueiro), Fangerere (árvore do pão). Resumindo as indicações de Firth (coluna IV), chega-se ao quadro seguinte:

(I)	(II)	(III)	(IV)	(V)
taro	taro	inhame	inhame	Kafika
árvore do pão	inhame	taro	taro	Taumako
coqueiro	pulaka	coqueiro	árvore do pão	Fangerere
	(*Alocasia sp.*)			
bananeira	coqueiro	bananeira	sagu	Tafua
pulaka	bananeira	árvore do pão	coqueiro	
sagu	árvore do pão	sagu	bananeira	
inhame	sagu	pulaka	pulaka	

(FIRTH [2], p. 65)

O quadro não corresponde ao sistema totémico, porque o número de plantas que aí figuram é mais elevado; o inhame, controlado pelo clã mais altamente colocado, e cujo ritual é também o mais complexo, tanto pelo cultivo quanto pela colheita, ocupa o último lugar em importância alimentar, o segundo em trabalho exigido. A bananeira e a palmeira de sagu, não «totémicas», são objeto de um ritual mais importante, seja pelo cultivo, seja pela colheita, do que a árvore do pão e o coqueiro, que, contudo, são «totémicos», etc.

É pouco provável que Radcliffe-Brown tenha tido consciência clara da evolução do seu pensamento nos últimos trinta anos da sua vida, já que mesmo os seus escritos mais tardios testemunham uma grande fidelidade ao espírito dos seus antigos trabalhos. De resto, esta evolução não se fez progressivamente: dir-se-ia que duas tendências coexistiram sempre nele, e que ora uma, ora outra, se afirmaram mais consoante o momento e a ocasião. À medida que envelhecia, cada tendência se precisou e afirmou, tornando a oposição mais patente, mas é impossível predizer que uma delas teria finalmente prevalecido.

Não deve portanto surpreender que, exatamente dez anos após ter formulado a sua primeira teoria do totemismo, Radcliffe-Brown se tenha oposto a Malinowski a propósito da magia, e que a interpretação que avançou então deste fenómeno, muito próximo do outro de resto, se tenha também afastado tanto quanto possível das suas ideias anteriores. Mais coerente a este respeito, Malinowski tinha tratado o problema da magia da mesma maneira que o do totemismo: fazendo apelo a considerações psicológicas gerais. Todos os ritos e práticas mágicas se reduziriam a um meio, para o homem, de abolir ou atenuar a ansiedade sentida quando se dedica a tarefas cujo resultado é impreciso. A magia teria assim uma finalidade prática e afetiva.

Aponte-se já que a conexão postulada por Malinowski entre magia e risco não é de todo evidente. Qualquer tarefa comporta um risco, pelo menos o de fracassar, ou o de que o resultado não corresponda plenamente às expectativas do autor. Ora a magia, para cada sociedade, ocupa um sector bem delimitado, que inclui certas tarefas e deixa outras de fora. Pretender que as primeiras são precisamente as que a sociedade considera incertas seria uma petição de princípio, já que não existe critério objetivo que permita decidir que tarefas as sociedades humanas consideram mais ou menos arriscadas, independentemente do facto de algumas delas serem acompanhadas por ritos. Conhecem-se sociedades em que há tipos de atividade que comportam riscos certos e que permanecem estranhos à magia. É o caso dos Ngindo, pequena tribo banto de nível técnico e económico muito baixo que leva uma vida precária nas florestas da Tanganica Meridional e em que a apicultura florestal tem um papel importante:

> «Tendo em conta o facto de a apicultura expor a numerosos riscos (longas caminhadas noturnas numa floresta hostil, e encontro de enxames não menos hostis, a altitudes vertiginosas), poderia parecer espantoso que não se acompanhe de nenhum ritual. Mas apontaram-me que o perigo não provoca necessariamente o ritual. Várias tribos que vivem da caça atacam as presas maiores sem muita cerimónia. E o ritual está muito pouco ligado à busca alimentar quotidiana dos Ngindo» (CROSSE--UPCOTT, p. 98).

Portanto, a relação empírica, postulada por Malinowski, não se verificou. E sobretudo, como nota Radcliffe-Brown, a argumentação que adianta (na continuação, de resto, de Loisy) seria também plausível, se invertêssemos os termos, de conduzir a uma tese exatamente oposta:

«[...] a saber, que na falta de rito e crenças associadas, o indivíduo não sentiria ansiedade; e que o rito tem por efeito psicológico criar um sentimento de insegurança e perigo. É pouco verosímil que um ilhéu Andaman considerasse perigoso consumir carne de dugongo, de porco ou de tartaruga, se não existisse um conjunto de ritos especiais, cujo fim declarado é protegê-lo destes perigos. Então, se uma teoria etnológica afirma que a magia e a religião trazem ao homem a confiança em si próprios, o bem-estar moral e um sentimento de segurança, também se poderia dizer que elas fazem nascer, nos homens, medos e angústias de que, sem elas, estariam isentos» (RADCLIFFE-BROWN [3], pp. 148–149).

Assim, não é porque os homens sentem ansiedade em certas situações que recorrem à magia, mas é porque recorrem à magia que estas situações são geradoras de ansiedade. Ora, a argumentação vale também para a primeira teoria do totemismo de Radcliffe-Brown, já que ela acaba por afirmar que os homens adotam uma atitude ritual perante as espécies animais e vegetais que lhes inspiram interesse — entenda-se: interesse espontâneo. Não poderia também dizer-se (e a bizarria das listas de totens não o sugeriria) que é antes por causa das atitudes rituais que observam diante destas espécies que os homens são levados a encontrar nelas um interesse?

Poderia evidentemente conceber-se que, no princípio da vida em sociedade, e mesmo ainda hoje, indivíduos enfrentando ansiedade tivessem inventado, e continuem a inventar, condutas compulsivas semelhantes às que se observam nos psicopatas: sobre esta multidão de variações individuais exercer-se-ia uma espécie de seleção social que, como a seleção natural faz para as mutações, preservasse e generalizasse as que são úteis para a preservação do grupo e a manutenção da ordem, eliminando as outras. Mas esta hipótese, dificilmente verificável no presente, e de modo nenhum no passado distante, nada acrescentaria à simples verificação de que ritos nascem e desaparecem irregularmente.

Para que o recurso à ansiedade forneça nem que seja um esboço de explicação, seria preciso primeiro saber em que consiste a ansiedade, e em seguida que relações existem entre uma emoção confusa e ordenada por um lado, e condutas marcadas pela mais rigorosa precisão por outro, e que se repartem por várias categorias distintas. Por que mecanismos a primeira engendraria as segundas? A ansiedade não é uma causa; é o modo como o homem percebe, subjetiva e obscuramente, uma desordem interior que ignora mesmo se é física ou mental. Se existe uma conexão inteligível, deverá ser procurada entre as condutas articuladas e estruturas de desordem cuja teoria está por fazer, e não entre estas condutas e o reflexo de fenómenos desconhecidos sobre o ecrã da sensibilidade.

A psiquiatria, de que Malinowski se reclama implicitamente, encarrega-se de nos ensinar que as condutas dos doentes são simbólicas, e que a sua interpretação depende de uma gramática, isto é, de um código que, como qualquer código, é, por natureza, extra-individual. Estas condutas podem acompanhar-se de ansiedade, não é a ansiedade que as produz. O vício fundamental da tese de Malinowski é tomar por causa o que, na melhor das hipóteses, é só uma consequência, ou um fenómeno concomitante.

Como a afetividade é o fenómeno mais obscuro do homem, a tentação de a ela recorrer foi constante, esquecendo que o que é rebelde à explicação não serve, por isso mesmo, para ser explicação. Um dado não é primeiro pelo facto de ser incompreensível: este caráter só indica que a explicação, a existir, deve procurar-se num outro plano. Senão, contentamo-nos em pôr uma outra etiqueta no problema, pensando que o tínhamos resolvido.

A primeira fase da doutrina de Radcliffe-Brown basta para nos mostrar como esta ilusão viciou as reflexões sobre o totemismo. É ela também que arruina a tentativa de Freud em *Totem e Tabu*. Sabe-se que Kroeber mudara um pouco a sua atitude perante esta obra, vinte anos depois de a ter condenado pelas suas inexatidões e o seu método pouco científico. Contudo, em 1939, acusa-se de injustiça: não teria esmagado uma borboleta debaixo de um martelo-pilão? Se Freud tinha renunciado, o que parece ter feito, a considerar a morte do pai um acontecimento histórico, poderia ver-se aí a expressão simbólica de uma virtualidade recorrente: modelo genérico e intemporal de atitudes psicológicas implicadas por fenómenos ou instituições que se repetem, como o totemismo e os tabus (KROEBER [3], p. 306).

Mas a verdadeira questão não está aí. Ao inverso do que Freud sustenta, as coações sociais, positivas e negativas, não se explicam, nem quanto à sua origem nem quanto à sua persistência, por efeito de pulsões ou emoções que reapareceriam com as mesmas características, no correr dos séculos e milénios, em indivíduos diferentes. Porque se a recorrência dos sentimentos explicasse a persistência dos costumes, a origem dos costumes deveria coincidir com a aparição dos sentimentos, e a tese de Freud não seria modificada mesmo que o impulso parricida correspondesse a uma situação típica em vez de a um acontecimento histórico ([10]).

Não sabemos e não saberemos nunca nada acerca da origem primeira de crenças e costumes cujas raízes mergulham num passado longínquo; mas, no que se trata do presente, é certo que as condutas sociais não são desempenhadas espontaneamente por cada indivíduo, sob o efeito de emoções atuais. Os homens não agem, enquanto membros do grupo, em conformidade com o que cada um sente enquanto indivíduo: cada homem sente em função da maneira como lhe é permitido ou prescrito conduzir-se. Os costumes são dados como normas externas e estas normas insensíveis determinam os sentimentos individuais, assim como as circunstâncias em que poderão, ou deverão, manifestar-se.

De resto, se as instituições e os costumes tirassem a sua vitalidade do facto de serem continuamente refrescados e revigorados por sentimentos individuais, semelhantes aos que se encontrariam na sua primeira origem, deveriam conter em si uma riqueza afetiva sempre a brotar, que seria o seu conteúdo positivo. Sabe-se que não é assim, e que a fidelidade que lhes temos resulta, na maior parte das vezes, de uma atitude convencional. Seja qual for a sociedade a que pertença, raramente o sujeito é capaz de atribuir uma causa a este conformismo: tudo o que sabe dizer é que as coisas sempre foram assim, e que age como agiam antes de si. Este género de resposta parece-nos totalmente verídico. O fervor não transparece na obediência e na prática, como deveria ser o caso se cada indivíduo assumisse as crenças sociais por, em tal ou tal momento da sua existência, as ter vivido íntima e

---

([10]) Diferentemente de Kroeber, a nossa atitude perante *Totem e Tabu* endureceu com os anos: cf. as *Estruturas Elementares de Parentesco*.

pessoalmente. A emoção vem de facto, mas quando o costume, indiferente em si, é violado.

Parece que nos juntamos a Durkheim; mas, em última análise, ele também deriva os fenómenos sociais da afetividade. A sua teoria do totemismo parte da necessidade e termina com um recurso ao sentimento. Como já recordamos, a existência de totens resulta, para ele, do reconhecimento de efígies animais ou vegetais no que não eram *a priori* senão signos não figurativos e arbitrários. Mas porque é que os homens acabaram por simbolizar com signos as suas filiações clânicas? Por causa, diz Durkheim, da «tendência instintiva» que leva «os homens de cultura inferior [...] associados numa vida comum [...] a pintarem-se ou a gravarem sobre o seu corpo imagens que recordam esta comunidade de existência» (p. 332). Este «instinto» gráfico está, pois, na base de um sistema que se coroa numa teoria afetiva do sagrado. Mas a teoria durkheimiana da origem coletiva do sagrado, como as outras que acabamos de criticar, repousa numa petição de princípio: não são as emoções atuais, sentidas pela ocasião de reuniões e cerimónias, que engendram ou perpetuam os ritos, mas a atividade ritual que suscita as emoções. Longe de ter nascido «de meios sociais efervescentes e desta própria efervescência» (DURKHEIM, p. 313), estes supõem a ideia religiosa.

Na verdade, as pulsões e as emoções não explicam nada; *resultam*, sempre: quer da potência do corpo, quer da impotência do espírito. Consequência nos dois casos, elas nunca são causas. Estas só podem ser procuradas no organismo, como a biologia pode fazer, ou no intelecto, que é a única via oferecida tanto à psicologia como à etnologia.

CAPÍTULO IV

NA DIREÇÃO DO INTELECTO

Os Tallensi do norte da Gold Coast dividem-se em clãs patrilineares que observam proibições totémicas distintas. Este traço é-lhes comum com as populações do Alto Volta, e mesmo com o conjunto das do Sudão Ocidental. Não se trata só de uma semelhança formal: as espécies animais mais frequentemente proibidas são as mesmas em toda a extensão deste vasto território, assim como os mitos evocados para dar conta das proibições.

As proibições totémicas dos Tallensi incluem aves como o canário, a rola, a galinha doméstica; répteis como o crocodilo, a serpente, a tartaruga (terrestre e aquática); certos peixes; o grande gafanhoto; roedores: esquilo e lebre; ruminantes: cabra e carneiro; carnívoros como o cão, o gato e o leopardo; enfim, outros animais: macaco, porco-bravo, etc.:

> «É impossível descobrir alguma coisa comum a todas estas criaturas. Algumas ocupam um lugar importante na vida económica indígena como fonte de alimentação, mas deste ponto de vista a maioria é insignificante. Muitos são uma iguaria para os que têm o direito de os consumir; a carne dos outros é desdenhada. Nenhum adulto comeria por sua vontade gafanhotos, canários ou pequenas serpentes comestíveis, e só as crianças, que comem tudo o que lhes aparece, estariam dispostas a fazê-lo. Várias espécies são consideradas perigosas, de facto ou num plano mágico: como o crocodilo, as serpentes, o leopardo e todas as feras. Ao contrário, muitas são perfeitamente inofensivas, quer do ponto de vista prático, quer mágico. Algumas têm lugar no magro folclore dos Tallensi, como é o caso de criaturas tão diferentes como o macaco, o gafanhoto e o gato [...] Diga-se de passagem que os clãs que têm o gato por totem não

mostram nenhum respeito pelos gatos domésticos, e os cães domésticos não recebem tratamento diferente dos que podem e dos que não podem comê-los.

Os animais totémicos dos Tallensi não formam portanto uma classe, nem em sentido zoológico, nem em sentido utilitário, nem em sentido mágico. Tudo o que se pode dizer é que, em geral, pertencem a espécies selvagens ou domésticas muito comuns» (FORTES, pp. 141-142).

Estamos longe de Malinowski. Mas sobretudo, Fortes ilumina um problema que se entrevia, desde Boas, por detrás das ilusões sustentadas pelo totemismo. Para compreender as crenças e as proibições desta ordem, não basta atribuir-lhes uma função global: procedimento simples, concreto, facilmente transmissível na forma de hábitos contraídos desde a infância para tornar aparente a estrutura complexa de uma sociedade. Porque então pôr-se-ia uma questão, que é provavelmente fundamental: porquê o simbolismo animal? E sobretudo, porquê tal simbolismo e não outro, já que se estabeleceu, pelo menos negativamente, que a escolha de certos animais não é explicável do ponto de vista utilitário?

No caso dos Tallensi, procederemos por etapas. Há animais individuais, ou mesmo, às vezes, espécies geograficamente localizadas que são objeto de tabus por serem encontradas na vizinhança de altares dedicados ao culto de antepassados determinados. Não se trata aqui de totemismo no sentido habitualmente dado ao termo. Os «tabus da terra» formam uma classe intermédia entre estes animais ou espécies sagradas e os totens: assim, os grandes répteis — crocodilo, pitão, lagarto arborícola ou aquático — que não podem ser mortos no recinto de um altar da terra. São «gente da Terra» no mesmo sentido em que os homens são ditos gente de tal aldeia, e simbolizam a potência da Terra, que pode ser benéfica ou maléfica. Já aqui se põe a questão de saber porque foram escolhidos certos animais terrestres e não outros: o pitão é particularmente sagrado no território de que um clã determinado é guardião, o crocodilo, no de um outro clã. Além disso, o animal é mais do que simples objeto de proibição: é um antepassado cuja destruição equivaleria a um assassinato. Não que os Tallensi acreditem na metempsicose, mas porque os antepassados, os seus descendentes humanos e os animais sedentários estão todos unidos por um laço territorial: «Os antepassados [...] estão espiritualmente presentes na vida social dos seus descendentes, da mesma maneira que os animais sagrados estão presentes nos charcos sagrados, ou nos sítios com os quais o grupo é identificado» (p. 143).

A sociedade Tallensi é, portanto, comparável a um tecido cuja teia e trama corresponderiam respetivamente às localidades e às linhas de filiação. Embora intimamente ligados, estes elementos não deixam de constituir realidades distintas, acompanhadas de sanções e de símbolos rituais particulares, no quadro geral oferecido pelo culto dos antepassados. Os Tallensi sabem que um indivíduo, enquanto pessoa social, acumula papéis múltiplos, de que cada um corresponde a um aspeto ou a uma função da sociedade, e que se lhe põem continuamente problemas de orientação e de seleção: «Os símbolos totémicos são, como todos os outros símbolos rituais, os pontos de referência ideológicos que o indivíduo utiliza para se guiar» (p. 144). Como membro de um clã alargado, um homem está na dependência de antepassados comuns e afastados, simbolizados por animais sagrados; como membro de uma linha de filiação, de antepassados mais próximos, simbolizados por totens; como indivíduo, enfim, de antepassados particulares que lhe revelam o seu destino pessoal e que podem manifestar-se-lhe por intermédio de um animal doméstico, ou de qualquer caça:

> «Mas qual é o tema psicológico comum a todas estas formas de simbolismo animal? Para os Tallensi, os homens e os seus antepassados estão comprometidos numa luta sem fim. Os homens procuram, por meio de sacrifícios, constranger os antepassados ou conciliar-se com eles. Mas a conduta destes é imprevisível. Podem fazer mal; e impõem-se à atenção dos homens pela maneira súbita como ameaçam a segurança quotidiana, mais do que pelo efeito de uma proteção benévola. Preservam a ordem social por uma intervenção agressiva nos assuntos humanos. Façam o que fizerem, os homens nunca podem comandar os antepassados. Como os animais dos rios ou da floresta, eles são travessos, enganadores, sempre presentes; a sua conduta é imprevisível e agressiva. As relações entre os homens e os animais, tal como são observadas na experiência, fornecem um símbolo apropriado das relações entre os homens e os antepassados, no plano da causalidade mística» (p. 145).

Nesta aproximação, Fortes encontra a explicação para o lugar predominante atribuído aos animais carnívoros — aqueles que os Tallensi agrupam sob o vocábulo de «os que têm presas», que subsistem e se protegem atacando os outros animais, e até os homens, às vezes —, «a sua ligação simbólica com a agressividade potencial dos antepassados é evidente». Pela sua vitalidade, estes animais são também um símbolo conveniente da imortalidade. O facto de o seu simbolismo ser sempre de um só tipo provém do caráter fundamental desse código moral e social que o culto dos antepassados constitui; a utilização de símbolos animais diferentes explica-se pelo facto de o código comportar aspetos distintos.

No seu estudo sobre o totemismo na Polinésia, Firth já se tinha voltado para este tipo de explicação:

> «As espécies naturais representadas no totemismo polinésio são na maior parte das vezes animais, terrestres ou marinhos; embora apareçam de vez em quando, as plantas nunca ocupam um lugar predominante. Parece-me que esta preferência pelos animais se explica pela crença de que a conduta do totem informa sobre as ações ou as intenções do deus. Como as plantas são imóveis, não têm interesse deste ponto de vista. Favorecem-se antes as espécies dotadas de mobilidade ou locomoção, capazes de movimentos muito variados; já que oferecem, também frequentemente, aspetos surpreendentes — forma, cor, ferocidade, e gritos especiais — que podem mais facilmente figurar no número dos meios que os seres sobrenaturais empregam para se manifestar» (FIRTH [1], p. 393).

Estas interpretações de Firth e Fortes são muito mais satisfatórias do que as dos defensores clássicos do totemismo, ou as dos seus primeiros adversários como Goldenweiser, porque escapam ao duplo obstáculo do recurso ao arbitrário ou a uma evidência artificial. É claro que, nos sistemas ditos totémicos, as espécies naturais não fornecem denominações nenhumas a unidades sociais que poderiam ter sido designadas de outra forma; e não é menos claro que, ao adotar um epónimo animal ou vegetal, uma unidade social não afirma implicitamente que entre ela e ele existe uma afinidade substancial: que ela descende dele, que participa da sua natureza, ou que se alimenta dele...

A conexão não é arbitrária; nem é, também, uma relação de contiguidade. Resta, como entrevêm Firth e Fortes, ela fundar-se na perceção de uma semelhança, e em que plano se apreende. Poderá dizer-se, como os autores que citamos, que é de ordem física e moral, transpondo assim o empirismo de Malinowski do plano orgânico e afetivo para o da perceção e do julgamento?

Repare-se primeiro que a interpretação só é concebível no caso de sociedades que separam a série totémica da série genealógica, reconhecendo a ambas igual importância: uma série pode evocar a outra porque não estão ligadas. Mas, na Austrália, as duas séries confundem-se, e a semelhança percebida intuitivamente, evocada por Fortes e Firth, seria inconcebível por causa desta contiguidade. Num grande número de tribos da América do Norte ou do Sul, nenhuma semelhança é postulada, implícita ou explicitamente; a conexão entre os antepassados e os animais é externa e histórica: conheceram-se, encontraram-se, ofenderam-se, ou associaram-se. É o que dizem também muitos mitos africanos, e mesmo Tallensi. Todos estes factos incitam a procurar a conexão num plano muito mais geral, e os autores que discutimos não se oporiam a isso, já que a conexão que eles sugerem é apenas inferida.

Em segundo lugar, a hipótese tem um campo de aplicação muito restrito. Firth adota-a para a Polinésia, perante a preferência aí constatada pelos totens animais; e Fortes reconhece que ela vale sobretudo para certos animais «que têm presas». Que fazer dos outros, e que fazer dos vegetais quando têm um lugar mais importante? Que fazer, enfim, dos fenómenos ou objetos naturais, dos estados normais ou patológicos, dos objetos manufaturados, que podem, todos, servir de totens, e que desempenham um papel não desprezível, por vezes mesmo essencial, em certas formas de totemismo australiano e índio?

Por outras palavras, a interpretação de Firth e de Fortes é duplamente limitada. Limita-se, primeiro, às culturas que possuem um culto dos antepassados muito desenvolvido, assim como uma estrutura social de tipo totémico; e depois, entre estas, às formas de totemismo principalmente animal, ou mesmo restrito a certos tipos de animal. Ora — e neste aspeto estamos de acordo com Radcliffe-Brown —, não chegaremos ao fim do pretenso problema totémico imaginando uma solução com campo de aplicação limitado, manipulando de seguida os casos rebeldes até que se dobrem, mas atingindo de partida um nível suficientemente geral para que todos os casos observados possam aí figurar como modos particulares.

Enfim, e sobretudo, a teoria psicológica de Fortes assenta numa análise incompleta. É possível que os animais sejam, de um certo ponto de vista e em geral, comparáveis aos antepassados. Mas esta condição não é necessária, e não é suficiente. Se nos permitem a expressão, *não são as semelhanças, mas as diferenças, que se assemelham*. Entendendo por isto que não há, presumivelmente, animais que se assemelham entre si (por participarem todos do comportamento animal) e antepassados que se assemelham entre si (por participarem todos do comportamento de antepassado), nem depois uma semelhança global entre os dois grupos; mas, sim, por um lado animais que diferem uns dos outros (porque pertencem a espécies distintas, com uma aparência física e um género de vida próprios de cada uma), e por outro homens — de que os antepassados constituem um caso particular — que diferem entre si (porque se repartem pelos segmentos da sociedade ocupando cada um uma posição particular na estrutura social). A semelhança que as representações ditas totémicas supõem é *entre estes dois sistemas de diferenças*. Firth e Fortes realizaram um grande progresso, ao passarem do ponto de vista da *utilidade subjetiva* ao da *analogia objetiva*. Mas, uma vez adquirido este progresso, falta fazer a passagem da *analogia externa* à *homologia interna*.

A ideia de uma semelhança objetivamente percebida entre os homens e os totens põe logo um problema no caso dos Azande, que contam com animais imaginários no número dos seus totens: serpente com poupa, serpente-arco-íris, leopardo de água, animal-trovão (EVANS--PRITCHARD [1], p. 108). Mas mesmo entre os Nuer, cujos totens correspondem todos a seres ou objetos reais, temos de reconhecer que a lista forma um sortido bem bizarro: leão, cobo (um bovídeo), tartaruga, avestruz, garça, ave *durra*, diversas árvores, papiro, abóbora, diversos peixes, abelha, formiga-vermelha, rio e ribeiro, gado de pele diversamente marcada, couro, asna (de viga), corda, diversas partes do corpo dos animais, enfim várias doenças. Quando se considera estes totens em conjunto,

«[...] pode dizer-se que nenhum fator utilitário bem marcado preside à sua escolha. Os mamíferos, aves, peixes, plantas, e objetos, que são mais úteis aos Nuer, não figuram no número dos seus totens. As observações sobre o totemismo Nuer não confirmam, portanto, a tese dos que veem no totemismo, principal ou exclusivamente, a expressão ritual de interesses empíricos» (EVANS-PRITCHARD [3], p. 80).

O argumento é explicitamente dirigido contra Radcliffe-Brown, e Evans-Pritchard recorda que já tinha sido formulado por Durkheim a propósito de teorias análogas. O que se segue poderia aplicar-se à interpretação de Firth e de Fortes:

«Em geral, os totens Nuer não são, tão-pouco, as criaturas que poderíamos esperar encontrar, por qualquer particularidade notável que chame a atenção. Bem ao contrário, as criaturas que inspiraram a imaginação mitopoética dos Nuer, e que ocupam o primeiro lugar nos seus contos, não aparecem como totens, a não ser raramente e de modo pouco significativo» (ibid., p. 80).

O autor nega-se então a responder à questão — que aparece frequentemente, e como um *leitmotiv*, desde o princípio do nosso trabalho — de saber porque é que mamíferos, aves, répteis e árvores se tornaram símbolos das relações entre a potência espiritual e as linhas de filiação. No máximo, nota que crenças difusas podem preparar certos seres para cumprir esta função: as aves voam, e podem assim comunicar melhor com o espírito supremo, que reside no céu. O argumento não se aplica às serpentes, se bem que, à sua maneira, também sejam manifestações do espírito. As árvores, raras na savana, são tidas por mercês divinas por causa da sombra que fazem; rios e ribeiros têm relações com o espírito das águas. Quanto aos animais cuja pele tem uma semelhança notável, crê-se que sejam signos visíveis de uma atividade espiritual excecionalmente potente.

A menos que se volte a um empirismo e a um naturalismo que Evans-Pritchard corretamente recusa, é necessário reconhecer que essas considerações indígenas têm pequeno alcance. Porque, se se excluir que as águas sejam objeto de atitudes rituais por causa da sua função biológica ou económica, a sua suposta relação com o espírito das águas reduz-se a uma maneira verbal de exprimir o valor espiritual que se lhes dá, o que não pode ser explicação. O mesmo acontece com os outros casos. Ao contrário, Evans-Pritchard soube desenvolver em profundidade certas análises que lhe permitem demonstrar, se assim pode dizer-se, peça por peça, as relações que, no pensamento dos Nuer, unem certos tipos de homem a certas espécies de animais.

Para definir os gémeos, os Nuer empregam fórmulas que, à primeira vista, parecem contraditórias. Por um lado, dizem que os gémeos são «uma pessoa» (*ran*); por outro, afirmam que os gémeos não são «pessoas» (*ran*), mas «aves» (*dit*). Para interpretar corretamente estas

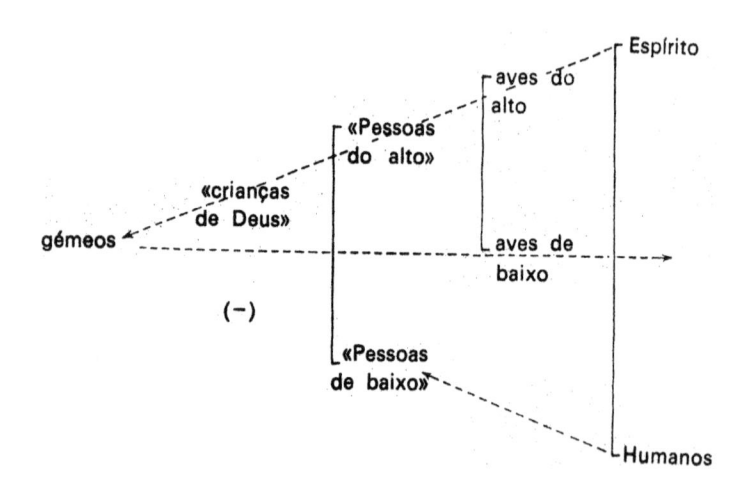

fórmulas, é preciso encarar, etapa por etapa, o raciocínio que implicam. Manifestações de potência espiritual, os gémeos são antes de mais «crianças de Deus» (*gat kwoth*) e — sendo o céu o lar divino — podem também ser ditos «Pessoas do alto» (*ran nhial*). Deste aspeto, opõem-se aos humanos ordinários, que são «Pessoas de baixo» (*ran piny*). Como as próprias aves são «do alto», os gémeos são-lhes assimilados. Entretanto, os gémeos permanecem seres humanos: embora sejam «do alto», eles são relativamente «de baixo». Mas a mesma distinção aplica-se às aves, já que certas espécies voam menos alto e pior do que outras: a seu modo, consequentemente, e mantendo-se globalmente «do alto», as aves também podem repartir-se entre o alto e o baixo.

Compreende-se assim porque é que os gémeos se chamam aves «terrestres»: pintada, francolim, etc.

As relações assim estabelecidas entre gémeos e aves não se explicam, nem por um princípio de participação à maneira de Lévy-Bruhl, nem por considerações utilitárias como as evocadas por Malinowski, nem pela intuição de uma semelhança sensível, admitida por Firth e Fortes. Estamos em presença de uma série de conexões lógicas que unem relações mentais. Os gémeos «são aves» não porque se confundem com elas ou porque se lhes assemelham, mas porque são, relacionando-os com outros homens, como que «Pessoas do alto» perante as «Pessoas de baixo», e, em relação às aves, são como que «aves de baixo» perante as «aves do alto». Ocupam por isso, como as aves, uma posição intermédia entre o espírito supremo e os humanos.

Se bem que não expressamente formulado por Evans-Pritchard, este raciocínio condu-lo a uma importante conclusão. Porque este género de inferência não se aplica só às relações particulares que os Nuer estabelecem entre os gémeos e as aves (tão estreitamente paralelas, de resto, às que os Kwakiutl da Colúmbia Britânica concebem entre os gémeos e os salmões, que só esta aproximação basta para sugerir que, nos dois casos, o procedimento se funda num princípio mais geral), mas a qualquer relação postulada entre grupos humanos e espécies animais. Como diz o próprio Evans-Pritchard, esta relação é de ordem metafórica (ibid, p. 90: *poetic metaphors*). Os Nuer falam das espécies naturais por analogia com os seus próprios segmentos sociais, como as linhas de filiação, e a relação entre uma linha e uma espécie totémica é concebida segundo o modelo do que se chamam *buth*: relação entre linhas colaterais saídas de um antepassado comum. O mundo animal é, pois, pensado em termos de mundo social. Há a comunidade (*cieng*) dos animais carnívoros — leão, leopardo, hiena, chacal, cão-selvagem e cão doméstico —, que compreende, como uma das suas linhas (*thok dwiel*), as mangustas, que se subdividem em sublinhas: variedades de mangustas, de pequenos felinos, etc. Os herbívoros formam uma coletividade ou classe (*bab*), que compreende todos os bovídeos: antílopes, gazelas, búfalos e vacas; e as lebres, carneiros, cabras, etc. O «povo sem pés» agrupa as linhas de serpentes, e o «povo dos rios» reúne todos os animais que frequentam os cursos de água e os pântanos: crocodilos, lagartos-monitores, todos os peixes, as aves aquáticas e as pescadoras, como também os indígenas Anuak e Balak Dinka, que não criam gado e são pescadores e jardineiros nas margens. As aves formam uma grande comunidade subdividida em várias linhas: «filhos de Deus», «sobrinhos dos filhos de Deus», e «filhos ou filhas de nobres» (ibid., p. 90).

Estas classificações teóricas estão na base das representações totémicas:

> «Consequentemente, a relação totémica não pode ser procurada na própria natureza do totem, mas nas associações que ele evoca no espírito» (ibid., p. 82).

Fórmula a que Evans-Pritchard deu recentemente uma expressão mais rigorosa:

> «Sobre as criaturas são projetadas noções e sentimentos cuja origem está fora delas» (EVANS-PRITCHARD [4], p. 19).

Por mais fecundas que sejam estas considerações, elas merecem duas reservas. Primeiro, a análise da teoria indígena dos gémeos está demasiado subordinada à teologia própria dos Nuer:

> «A fórmula [*assimilando os gémeos às aves*] não traduz uma relação diádica entre os gémeos e as aves, mas uma relação triádica entre gémeos, aves e Deus. É em relação a Deus que os gémeos e as aves apresentam um carácter comum[...]» (EVANS-PRITCHARD [3], p. 132.)

A crença numa divindade suprema não é, porém, necessária para que se estabeleçam relações deste tipo, já que nós as pusemos em evidência em sociedades com espírito muito menos teológico do que os Nuer ([11]). Ao formular assim a sua interpretação, Evans-Pritchard arrisca-se portanto a restringi-la: como Firth e Fortes (embora em

---

([11]) Comparar, deste ponto de vista, o esquema da p. 103 do presente trabalho com o que demos na *Gesta de Asdiwal* (*Annuaire 1958–1959* da École Pratique des Hauts Études, secção de Ciências Religiosas, p. 20. Republicado em *Les Temps modernes*, n.º 179, março 1961, p. 1099. E de novo em *Antropologia Estrutural* II).

menor grau), ele apresenta uma interpretação geral na linguagem de uma sociedade particular, limitando assim o seu alcance.

Em segundo lugar, Evans-Pritchard parece não ter medido a importância da revolução realizada, alguns anos antes da publicação da *Nuer Religion*, por Radcliffe-Brown, com a sua segunda teoria do totemismo ([12]). Esta difere da primeira muito mais do que em geral se deram conta os etnólogos ingleses. Na nossa opinião, não só acaba de liquidar o problema totémico: coloca o verdadeiro problema, que se apresenta noutro nível e em termos diferentes, e que não tinha sido ainda claramente percebido, embora a sua presença possa, em última análise, aparecer como a causa profunda dos intensos remoinhos que provocou no pensamento etnológico o problema totémico. Seria, com efeito, pouco provável que grandes e inúmeros espíritos se tivessem afadigado sem um motivo razoável, mesmo se o estado dos conhecimentos, e tenazes preconceitos, os impedia de tomar dele consciência, ou não lhes revelasse senão uma aparência deformada. É para esta segunda teoria de Radcliffe-Brown que é necessário dirigir, agora, as nossas atenções.

Sem que o próprio lhe tenha sublinhado a novidade, esta teoria apareceu vinte e dois anos após a primeira, na *Huxley Memorial Lecture for 1951*, intitulada «The Comparative Method in Social Anthropology». De facto, Radcliffe-Brown apresenta-a como um exemplo do método comparativo que, só ele, pode permitir à antropologia formular «proposições gerais». A primeira teoria tinha sido introduzida da mesma maneira. Há pois continuidade, no plano metodológico, entre ambas. Mas a semelhança acaba aí.

As tribos australianas do rio Darling, na Nova Gales do Sul, têm uma divisão em duas metades exogâmicas e matrilineares, respetivamente chamadas Falcão (*Eaglehawk*) e Gralha (*Crow*). Pode procurar dar-se uma explicação histórica de uma organização social deste tipo: por exemplo, duas populações inimigas teriam decidido um dia fazer a paz, e, para melhor a garantirem, teriam acordado que, desde aí, os

---

([12]) Ainda em 1960, Evans-Pritchard parecia acreditar que a contribuição de Radcliffe-Brown se reduzia ao seu artigo de 1929 (EVANS-PRITCHARD [4], p. 19, n.º 1).

homens de um grupo se casariam com mulheres do outro grupo, e reciprocamente. Como ignoramos tudo do passado das tribos em questão, este género de explicação está condenado a ser gratuito e conjetural.

Vejamos antes se noutros sítios há instituições paralelas. Os Haida das ilhas da Rainha Carlota, na Colúmbia Britânica, dividem-se em metades matrilineares exogâmicas, chamadas respetivamente Águia (*Eagle*) e Corvo (*Raven*). Um mito haida conta que, na origem dos tempos, a águia era o senhor de toda a água do mundo, que mantinha fechada num cesto estanque. O corvo roubou o cesto, mas, enquanto sobrevoava as ilhas, a água espalhou-se sobre a terra: assim foram criados os lagos e os rios em que as aves matam a sede desde então, e que os salmões, que constituem o principal alimento dos homens, vieram povoar.

As aves epónimas destas metades australianas e americanas pertencem, pois, a espécies muito vizinhas, e simetricamente opostas. Ora, na Austrália, há um mito que se assemelha muito ao que acabamos de resumir: o falcão mantinha, outrora, a água fechada num poço coberto por uma grande pedra que levantava quando queria beber. A gralha surpreendeu esta artimanha e, querendo beber, levantou a pedra, e coçou a cabeça cheia de vermes em cima da água, esquecendo-se de tapar o poço. Toda a água desapareceu, dando origem à rede hidrográfica da Austrália Oriental, e os piolhos da ave transformaram-se em peixes, de que se alimentam agora os indígenas. Será necessário, no espírito das reconstruções históricas, imaginar relações antigas entre a Austrália e a América para explicar estas analogias?

Isso seria esquecer que as metades exogâmicas australianas — matrilineares e patrilineares — são frequentemente designadas por nomes de aves, e que, consequentemente, mesmo na Austrália, as tribos do rio Darling não são mais do que a ilustração de uma situação geral. Encontra-se a catatua branca oposta à gralha na Austrália Ocidental, a catatua branca oposta à catatua negra na província de Vitória. Também na Melanésia são muitas as aves-totens; as metades de certas tribos da Nova Irlanda são chamadas águia-do-mar e gavião-pescador, respetivamente. Generalizando ainda, aproximaremos dos factos precedentes os que pertencem ao totemismo sexual (e não mais de metades), denotado também por aves ou animais assimilados: na Austrália Oriental, o morcego é o totem masculino, a coruja, o totem feminino; na parte setentrional da Nova Gales do Sul, as mesmas funções são atribuídas respetivamente ao morcego e ao picancilho (*Climacteris sp*.). Finalmente, sucede que o dualismo australiano se manifesta no plano das gerações, quer dizer, um indivíduo é colocado na mesma categoria que o seu avô e o seu neto, enquanto o seu pai e o seu filho são metidos na categoria oposta. Na maior parte das vezes, estas metades formadas de gerações alternadas não são nomeadas. Mas, quando o são, podem usar nomes de aves: assim, na Austrália Ocidental, pica-peixe e melharuco, ou ainda, pássaro vermelho e pássaro negro:

> «A questão que nos púnhamos no início, porquê todas estas aves?, alarga-se. Além das metades exogâmicas, outros tipos de divisão dualista são denotados por referência a um par de aves. Mais ainda, não são sempre aves. Na Austrália, as metades podem ser também associadas a outros pares de animais: duas espécies de cangurus numa região, duas espécies de abelhas noutra. Na Califórnia, uma metade é associada ao coiote, a outra, ao gato-selvagem» (Radcliffe-Brown [4], p. 113).

O método comparativo consiste precisamente em integrar um fenómeno particular num conjunto, que o progresso da comparação torna cada vez mais geral. Para terminar, somos confrontados com o seguinte problema: como explicar que os grupos sociais, ou segmentos da sociedade, se distingam uns dos outros pela associação de cada um com uma espécie natural particular? Este problema, que é o próprio problema do totemismo, sobrepõe-se a dois outros: como é que cada sociedade concebe a relação entre os seres humanos e as outras espécies naturais (problema exterior ao totemismo, como prova o exemplo dos Andaman); e como é que, por outro lado, grupos sociais chegam a ser identificados por meio de emblemas, de símbolos, ou de objetos emblemáticos ou simbólicos? Este segundo problema ultrapassa igualmente o quadro do totemismo, já que, deste ponto de vista, um mesmo papel pode ser atribuído, conforme o tipo de comunidade considerado, a uma bandeira, a um brasão, a um santo, ou a uma espécie animal.

Até aqui, a crítica de Radcliffe-Brown renova a que tinha formulado em 1929, estritamente conforme, como vimos, à de Boas (cf. acima pp. 20 e 67). Mas a sua conferência de 1951 inova, ao proclamar que essa crítica não basta, que subsiste um problema não resolvido. Mesmo supondo que pode dar-se uma explicação satisfatória à predileção «totémica» pelas espécies animais, falta ainda compreender porque se toma uma determinada espécie de preferência a outra:

> «Em virtude de que o princípio é que pares como o falcão e a gralha, a águia e o corvo, o coiote e o gato-selvagem, são escolhidos para representar as metades de uma organização dualista? A questão não é inspirada por uma curiosidade vã. Se compreendêssemos o princípio, talvez ficássemos em condições de saber, por dentro, como é que os próprios indígenas representam a organização dualista em função da sua estrutura social. Por outras palavras, em vez de nos perguntarmos porquê todas estas aves?, podemos perguntar porquê, mais especialmente, o falcão e a gralha, e todos os outros pares?» (Ibid., p. 114.)

O passo é decisivo. Implica a reintegração do conteúdo na forma, e abre assim caminho a uma verdadeira análise estrutural, tão afastada do formalismo quanto do funcionalismo. É bem uma análise estrutural a que realiza Radcliffe-Brown, consolidando por um lado as instituições com as representações, interpretando conjuntamente, por outro, todas as variantes do mesmo mito.

Este mito, conhecido em várias regiões da Austrália, põe em cena dois protagonistas cujos conflitos são a matéria principal da narrativa. Uma versão da Austrália Ocidental refere-se ao Falcão e à Gralha, o primeiro, tio materno do segundo e também seu sogro potencial, devido ao casamento preferencial com a filha da irmã da mãe. O sogro, real ou potencial, tem o direito de exigir do seu genro e sobrinho presentes de alimentos, e Falcão ordena a Gralha que lhe traga um canguru *wallabi*. Após uma caçada bem-sucedida, Gralha sucumbe à tentação: come a caça e finge nada ter conseguido. Mas o tio recusa-se a acreditar e interroga-o sobre a sua barriga inchada: é que, diz a Gralha, para acalmar a fome se enchera de goma de acácia. Sempre incrédulo, Falcão faz cócegas ao seu sobrinho até ele vomitar a carne. Como castigo, lança o culpado ao fogo e mantém-no aí até que os seus olhos fiquem vermelhos e que as suas penas fiquem pretas, até que a dor arranque à Gralha o seu grito, que ficou característico. Falcão decreta que Gralha não caçará mais por conta própria e será reduzido a roubar caça. Desde então assim é.

Impossível compreender este mito, prossegue Radcliffe-Brown, sem uma referência ao contexto etnográfico. O australiano considera-se um «comedor de carne», e o falcão e a gralha, aves carnívoras, são os seus principais concorrentes. Quando os indígenas caçam acendendo fogueiras no mato, logo aparecem os falcões para lhes disputar a caça que foge das chamas: eles também são caçadores. Empoleiradas não longe das fogueiras do acampamento, as gralhas aguardam a ocasião de pilhar o festim.

Os mitos deste tipo podem ser comparados a outros cuja estrutura é análoga, se bem que ponham em cena animais diferentes. Desta maneira, os indígenas que vivem nos limites da Austrália Meridional e de Vitória contam que o canguru e o vombate (*wombat*: um outro marsupial, mais pequeno), que constituem as suas presas principais, eram outrora amigos. Um dia, Vombate resolve fazer uma «casa» (a espécie é terrícola), e Canguru riu-se dele e maltratou-o. Mas quando a chuva começou a cair pela primeira vez, e Vombate se abrigou na sua «casa», recusou a entrada a Canguru, alegando que era demasiado pequena para os dois. Canguru, furioso, bateu na cabeça de Vombate com uma pedra, achatando-lhe o crânio; e Vombate ripostou, espetando uma lança na garupa de Canguru. Desde aí, assim é: o vombate tem a cabeça chata e vive numa toca; o canguru tem cauda e vive descoberto:

> «É claro que é só uma "história de era uma vez" (*a "just-so" story*), que podemos achar pueril. Que diverte o auditório quando o narrador se esforça. Mas se examinarmos algumas dezenas de contos do mesmo tipo, descobre-se um tema comum. As semelhanças e diferenças entre as espécies animais são traduzidas em termos de amizade e conflito, de solidariedade e oposição. Por outras palavras, o universo da vida animal é representado sob a forma de relações sociais, como as que prevalecem na sociedade dos homens» (RADCLIFFE-BROWN [4], p. 116).

Para obter este resultado, as espécies naturais são classificadas em pares de oposições, e isso só é possível com a condição de se escolher espécies que apresentam uma característica comum pelo menos, permitindo compará-las.

O princípio é claro no caso do falcão e da gralha, que são os dois principais animais carnívoros, embora diferindo um do outro, o primeiro como predador, o segundo como comedor de carnes mortas. Mas como interpretar o par morcego-coruja? Radcliffe-Brown confessa ter sido primeiro seduzido pelo seu caráter comum de aves noturnas. Porém, numa região da Nova Gales do Sul, é o picancilho, ave diurna, que se opõe ao morcego, como totem feminino: na realidade, um mito relata que o picancilho ensinou às mulheres a arte de trepar às árvores.

Encorajado por esta primeira explicação fornecida por um informador, Radcliffe-Brown perguntou: «Que semelhança há entre o morcego e o picancilho?»; ao que o indígena respondeu, manifestamente surpreendido por uma tal ignorância: «Mas como é possível! Ambos vivem nas cavidades dos troncos de árvores!» Ora, este é também o caso da coruja (*night owl*) e do noitibó (*nigh jar*). Comer carne, viver ao abrigo das árvores, é um traço comum ao par considerado e oferece um ponto de comparação com a condição humana [13]. Mas existe também uma oposição interior ao par e subjacente à similaridade: embora sendo ambas carnívoras, as duas aves são respetivamente «caçador» e «ladrão». Membros de uma mesma espécie, as catatuas diferem pela cor, branca ou negra; aves igualmente arborícolas são diurnas ou noturnas, etc.

Por conseguinte, a divisão «falcão-gralha» das tribos do rio Darling, de que partíramos, não aparece mais, no fim da análise, senão como

---

[13] Como vamos um pouco além do texto de Radcliffe-Brown, podem perguntar-nos em que é que a vida dos animais que fazem ninhos nos buracos das árvores evoca a condição humana. Mas conhece-se uma tribo australiana, pelo menos, em que as metades eram nomeadas conforme partes de árvore: «Nos Ngeumba, a metade Gwaimudthen divide-se em *nhurai* (base) e *wrangue* (meio), enquanto a metade Gwaigulir é identificada com a *winggo* (cimo). Estes nomes referem-se às diferentes partes da sombra projetada pelas árvores, e fazem alusão aos locais respetivamente ocupados nos acampamentos[...]» (THOMAS, p. 152.)

«um tipo de aplicação, muito frequente de um certo princípio estrutural» (p. 123); este princípio consiste na união dos termos opostos. Por meio de uma nomenclatura especial, formada de termos animais e vegetais (e essa é a sua única característica distintiva), o pretenso totemismo nada mais faz do que exprimir a seu modo — diríamos hoje, por meio de um código particular — correlações e oposições que podem ser formalizadas de outra maneira; assim, em certas tribos da América do Norte e do Sul, por oposições do tipo: céu-terra, guerra-paz, montante-jusante, vermelho-branco, etc., e cujo modelo mais geral e aplicação mais sistemática se encontram talvez na China, na oposição dos dois princípios do Yang e do Yin: macho e fêmea, dia e noite, verão e inverno, de cuja união resulta uma totalidade organizada (*tao*): par conjugal, dia ou ano. O totemismo reduz-se assim a um modo particular de formular um problema geral: operar de modo que a oposição, em vez de ser um obstáculo à integração, sirva antes para a produzir.

A demonstração de Radcliffe-Brown suprime definitivamente o dilema em que estavam fechados quer os defensores quer os adversários do totemismo, que só podiam atribuir dois papéis às espécies vivas: o de estimulante natural ou o de pretexto arbitrário. Os animais do totemismo deixam de ser, exclusivamente ou sobretudo, criaturas temidas, admiradas ou desejadas: a sua realidade sensível deixa transparecer noções e relações concebidas pelo pensamento especulativo, a partir dos dados da observação. Compreende-se enfim que as espécies naturais não são escolhidas por serem «boas para comer», mas porque são «boas para pensar». Entre esta tese e a que a precedia a distância é tão grande, que gostaríamos de saber se Radcliffe-Brown se deu conta do caminho percorrido. A resposta talvez se encontre nas notas dos cursos que fez na África do Sul, e no texto inédito de uma conferência sobre a cosmologia australiana, que são as últimas oportunidades que teve de se exprimir, antes da sua morte em 1955. Não era homem para admitir facilmente que tinha mudado de opinião, nem reconhecer eventuais influências. E contudo, é difícil deixar de notar que os dez anos que precederam a sua *Huxley Memorial Lecture* foram marcados pela aproximação da antropologia e da linguística estrutural. Para todos os que participaram nessa empresa, é no mínimo tentador pensar que ela terá tido um eco qualquer no pensamento de Radcliffe-Brown. As noções de oposição e de correlação, a de par de oposições, têm uma longa história; mas foi a linguística estrutural, e, na sua continuação, a antropologia estrutural, que lhes deu um novo lugar no vocabulário das ciências humanas; é notável que se encontrem na escrita de Radcliffe-Brown com todas as suas implicações, que, como vimos, o levaram a abandonar as suas posições anteriores, ainda marcadas pelo naturalismo e o empirismo. Este abandono não é feito, contudo, sem hesitação: durante um breve momento, Radcliffe-Brown parece inseguro quanto ao alcance da sua tese, e à sua extensão além dos factos australianos:

> «A conceção australiana do que designamos aqui pelo termo "oposição" é uma aplicação particular da associação por contrariedade, que é um traço universal do pensamento humano, e que nos incita a pensar por pares de contrários: alto e baixo, forte e fraco, negro e branco. Mas a noção australiana de oposição combina a ideia de um par de contrários e a de um par de adversários» (ibid., p. 118).

É bem verdade que uma das consequências — de resto ainda não claramente enunciada — do estruturalismo moderno deveria ser tirar a psicologia associacionista do descrédito a que estava votada. O associacionismo teve o grande mérito de esboçar os contornos desta lógica elementar, que é como que o mais pequeno denominador comum de todo o pensamento, e só lhe faltou reconhecer que se tratava de uma lógica original, expressão direta da estrutura do espírito (e, por detrás do espírito, do cérebro, sem dúvida), e não de um produto passivo da ação do meio sobre uma consciência amorfa. Mas, contrariamente ao que ainda aponta Radcliffe-Brown, é esta lógica das oposições e correlações, das exclusões e inclusões, das compatibilidades e incompatibilidades, que explica as leis da associação, não o contrário: um associacionismo renovado deveria assentar num sistema de operações que não deixaria de ter analogias com a álgebra de Boole. Como mostram as conclusões do próprio Radcliffe-Brown, a sua análise dos factos australianos condu-lo além de uma simples generalização etnográfica: até às leis da linguagem, e mesmo do pensamento.

E não é tudo. Já notamos que Radcliffe-Brown compreendeu que, em matéria de análise estrutural, é impossível dissociar a forma do conteúdo. A forma não é exterior, mas sim interior. Para perceber a razão das denominações animais, é necessário encará-las concretamente; porque não temos a liberdade de traçar uma fronteira, fora da qual reinaria o arbitrário. O sentido não se decreta, ele não existe em parte nenhuma, se não estiver em todos os lados. É verdade que os nossos conhecimentos limitados nos impedem frequentemente de o seguir até aos seus últimos redutos: assim, Radcliffe-Brown não explica porque é que certas tribos australianas concebem a afinidade entre a vida animal e a condição humana segundo uma relação dos gostos carnívoros, enquanto outras evocam uma comunidade de *habitat*. Mas a sua demonstração supõe implicitamente que esta diferença é, também, significativa, e que, se estivéssemos suficientemente informados, poderíamos correlacioná-la com outras diferenças, reveladas entre as crenças respetivas dos dois grupos, entre as suas técnicas, ou entre as relações que cada um mantém com o meio.

Com efeito, o método seguido por Radcliffe-Brown é tão sólido quanto as conclusões que ele lhe sugere. Cada nível da realidade social aparece-lhe como um complemento indispensável, na ausência do qual seria impossível compreender os outros níveis. Os costumes remetem para as crenças, e estas, para as técnicas; mas os diferentes níveis não se refletem simplesmente uns nos outros: reagem dialeticamente entre si, de modo que não pode esperar-se conhecer um só, sem antes ter avaliado, nas suas relações de oposição e de correlação respetivas, as *instituições*, as *representações*, as *situações*. Em cada uma das suas tarefas práticas, a antropologia não faz senão averiguar uma homologia de estrutura, entre o pensamento humano em exercício e o objeto humano a que se aplica. A integração metodológica do fundo e da forma reflete, a seu modo, uma integração mais essencial: do método e da realidade.

============ CAPÍTULO V ============

O TOTEMISMO DO INTERIOR

Sem dúvida, Radcliffe-Brown teria rejeitado as conclusões que acabamos de tirar da sua demonstração, já que até ao fim da sua vida, e como mostra uma correspondência ([14]), se manteve numa conceção empirista da estrutura. Pensamos, porém, ter traçado, sem deformar, o estímulo de uma das vias abertas pela sua conferência de 1951. Mesmo que ele não a tenha seguido, ela atesta a fecundidade de um pensamento que, embora circunscrito pela velhice e pela doença, trazia em si estas possibilidades de renovação.

Por muito nova que pareça, na literatura etnológica, a última teoria do totemismo de Radcliffe-Brown, este não é, contudo, o seu inventor; mas é pouco provável que se tenha inspirado em predecessores cujo lugar é exterior à reflexão propriamente etnológica. Tendo em conta o caráter intelectualista que reconhecemos nesta teoria, poderemos espantar-nos que Bergson tenha defendido ideias muito vizinhas. E contudo, encontra-se, na *Les Deux Sources de la morale et de la religion*, um esboço de uma teoria de que importa verificar a analogia que apresenta, em certos pontos, com a de Radcliffe-Brown. Ela será, de resto, uma ocasião para pôr um problema que toca à história das ideias, e que permite também remontar até aos postulados que as especulações sobre o totemismo implicam: como pode ser que um filósofo, de que se conhece o lugar que reserva à afetividade e à experiência vivida, se situe, quando aborda um problema etnológico, no

---

([14]) Cf. a carta de Radcliffe-Brown ao autor deste trabalho, em: S. Tax, L. C. Eiseley, I. Rouse, C. F. Voegelin, ed., *An Appraisal of Anthropology Today*, Chicago, 1953, p. 109.

extremo oposto dos etnólogos cuja posição doutrinária se pode considerar próxima da sua?

Nas *Les Deux Sources*, Bergson aborda o totemismo através do culto dos animais, que reduz a uma modalidade do culto dos espíritos. O totemismo não se confunde com a zoolatria, mas de qualquer modo pressupõe «que o homem trate uma espécie animal ou mesmo vegetal, por vezes um simples objeto inanimado, com uma deferência que não deixa de se assemelhar à religião» (p. 192). Esta deferência parece ligada, no pensamento indígena, à crença numa identidade entre o animal ou a planta, e os membros do clã. Como poderá explicar-se esta crença?

A gama das explicações propostas escalona-se entre duas hipóteses extremas, que basta examinar: seja uma «participação» à maneira de Lévy-Bruhl, que não liga importância aos múltiplos sentidos que oferecem, nas diferentes línguas, expressões que traduzimos pelo verbo *ser*, cuja significação é equívoca, mesmo entre nós; seja a redução do totem ao papel de emblema e de simples designação do clã, como faz Durkheim, mas, aí, sem se dar conta do lugar ocupado pelo totemismo na vida dos povos que o praticam.

Nenhuma das explicações permite, aliás, responder, simplesmente e sem equívocos, à questão posta por uma predileção evidente pelas espécies animais e vegetais. Somos assim levados a procurar o que pode haver de original aí, na maneira como o homem se apercebe das plantas e dos animais e os concebe:

> «Ao mesmo tempo que a natureza do animal parece concentrar-se numa única qualidade, dir-se-ia que a sua individualidade se dissolve num género. Reconhecer um homem consiste em o distinguir dos outros homens; mas reconhecer um animal é vulgarmente dar-se conta da espécie a que ele pertence[...] Embora sendo concreto e individual, um animal aparece essencialmente como uma qualidade, essencialmente também como um género» (BERGSON, p. 192).

É esta perceção imediata do *género*, através dos indivíduos, que caracteriza a relação entre o homem e o animal ou a planta; é ela também que ajuda a compreender melhor «esta coisa singular que é o totemismo». Com efeito, a verdade deve procurar-se a meio caminho das duas soluções extremas que foram recordadas:

«Nada se pode retirar do facto de um clã se dizer ser este ou aquele animal; mas que dois clãs pertencentes à mesma tribo devam necessariamente ser dois animais diferentes é muito mais instrutivo. Suponha-se, com efeito, que se quer sublinhar que estes dois clãs constituem duas espécies, no sentido biológico do termo, [...] dar-se-á [...] a um deles o nome de um animal, ao outro, o de outro. Cada um destes nomes, tomado isoladamente, não passava de uma designação: em conjunto, eles equivalem a uma afirmação. Dizem, com efeito, que os dois clãs são *de sangue diferente*» (BERGSON, pp. 193-194).

Não nos é necessário acompanhar Bergson até ao fim da sua teoria, até porque seríamos levados para um terreno mais frágil. Bergson vê no totemismo um meio da exogamia, sendo esta um efeito de um instinto destinado a evitar as uniões biologicamente nocivas entre parentes próximos. Mas, se esse instinto existisse, o recurso às vias institucionais seria supérfluo. Além disso, o modelo sociológico adotado estaria em curiosa contradição com o original zoológico que o inspirara: os animais são endógamos, não exógamos; unem-se e reproduzem-se exclusivamente nos limites da espécie. Ao «especificar» cada clã, e ao diferenciá-los «especificamente» uns dos outros, seríamos conduzidos — se o totemismo se fundasse em tendências biológicas e em sentimentos naturais — ao inverso do resultado esperado: cada clã deveria ser endógamo, como uma espécie biológica, e os clãs permaneceriam estrangeiros uns aos outros.

Bergson teve tanta consciência destas dificuldades, que se apressou a modificar em dois pontos a sua tese. Mantendo a realidade da necessidade que empurraria os homens a evitarem as uniões consanguíneas, admitiu que nenhum instinto «real ou eficaz» lhe corresponde. A natureza remedeia esta carência pelas vias da inteligência, suscitando «uma representação imaginativa que determina a conduta como teria feito o instinto» (p. 195). Mas, além de se desembocar aqui em plena metafísica, esta «representação imaginativa» teria, como se acaba de ver, um conteúdo exatamente inverso do seu objetivo suposto. É sem dúvida para ultrapassar este segundo obstáculo que Bergson tem de reduzir uma representação imaginativa a uma forma:

> «Por isso, quando [*os membros dos dois clãs*] declaram constituir duas espécies animais, o que acentuam não é a animalidade, mas a dualidade» (ibid., p. 195).

Apesar das diferenças das suas premissas, é de facto a conclusão de Radcliffe-Brown que Bergson enuncia, vinte anos antes dele.

Esta perspicácia do filósofo que lhe impõe, ainda que na defensiva, a resposta correta a um problema etnológico ainda não resolvido pelos etnólogos de profissão (a publicação das *Deux Sources* é só ligeiramente posterior à primeira teoria de Radcliffe-Brown) é tão mais notável quanto se produzia um verdadeiro xadrez doutrinal entre Bergson e Durkheim, contemporâneos. O filósofo do movente encontra a solução do problema totémico no terreno das oposições e das noções; por um caminho inverso, Durkheim, por mais levado que fosse a remontar sempre às categorias e mesmo às antinomias, procurou esta solução no plano da indistinção. Na realidade, a teoria durkheimiana do totemismo desenvolve-se em três tempos, dos quais, na sua crítica, Bergson se contentou em ficar com os dois primeiros. Ao clã dá-se, primeiro, «instintivamente», um emblema (cf. acima, p. 104), que pode não ser mais do que um desenho sumário, reduzido a alguns traços. Posteriormente, «reconhece-se» neste desenho uma figuração animal, e modifica-se-o em conformidade. Finalmente, esta figuração é sacralizada, por confusão sentimental do clã e do seu emblema.

Mas como é que esta série de operações, que cada clã executa por sua conta e independentemente dos outros, pode finalmente organizar-se em sistema? Durkheim responde:

> «Se o princípio totémico tem o seu lugar de eleição numa espécie animal ou vegetal determinada, ele não poderia ficar aí restrito. O carácter sagrado é contagioso no mais alto grau; assim, estende-se do ser totémico a tudo o que, de longe ou de perto, tem que ver com ele[...]: substância de que se alimenta [...] coisas que se lhe assemelham [...] seres diversos com os quais entra constantemente em relações [...] Finalmente, o mundo inteiro acaba partilhado entre os princípios totémicos da mesma tribo» (DURKHEIM, p. 318).

O termo «partilhado» encobre aqui, manifestamente, um equívoco, já que uma verdadeira partilha não resulta de uma limitação mútua e imprevista de várias áreas em expansão, de que cada uma invadiria a totalidade do campo se não embatesse no progresso das outras. A distribuição resultante seria arbitrária e contingente; procederia da história e do acaso, e seria impossível compreender como é que distinções passivamente vividas, e suportadas sem terem sido concebidas, poderiam estar na origem dessas «classificações primitivas» de que, em conjunto com Mauss, Durkheim estabeleceu o caráter sistemático e coerente:

> «Não é provável que esta mentalidade não tenha relação com a nossa. A nossa lógica nasceu desta lógica [...] Hoje como dantes, explicar é mostrar como é que uma coisa participa de uma ou variadas outras [...] De todas as vezes que unimos por um laço interno termos heterogéneos, forçosamente identificámos contrários. Sem dúvida, os termos que unimos assim não são os que o australiano aproxima; nós escolhemo-los segundo outros critérios e por outras razões; mas a operação pela qual o espírito os põe em relação não difere essencialmente.
> ....
> Assim, entre a lógica do pensamento religioso e a lógica do pensamento científico, não há um abismo. Ambas são feitas dos mesmos elementos essenciais, mas desigual e diferentemente desenvolvidos. O que parece caracterizar sobretudo a primeira é um gosto natural tanto pelas confusões intemperantes quanto pelos contrastes violentos. É facilmente excessiva nos dois sentidos. Quando aproxima, confunde; quando distingue, opõe. Não conhece nem medida nem graduações, procura os extremos; emprega, depois, os mecanismos lógicos com uma espécie de falta de jeito, mas sem ignorar nenhum» (DURKHEIM, pp. 340–342).

Se fizemos esta longa citação é porque, antes de tudo, ela é sem dúvida do melhor Durkheim: o que admitia que toda a vida social, mesmo elementar, supõe no homem uma atividade intelectual cujas propriedades formais não podem, consequentemente, ser um reflexo da organização concreta da sociedade. Mas, sobretudo o texto das *Formes élémentaires*, como os que poderíamos ter retirado do segundo prefácio às *Règles* e do ensaio sobre as formas primitivas de classificação, mostra as contradições inerentes à perspetiva inversa, demasiadas vezes adotada por Durkheim quando afirma o primado do social sobre o intelecto. Ora, é exatamente porque Bergson se quer o contrário de um sociólogo, no sentido durkheimiano do termo, que pode fazer da categoria de género e da noção de oposição dados imediatos do entendimento, utilizados pela ordem social para se constituir. E é quando Durkheim pretende derivar da ordem social as categorias e as ideias abstratas que, para se dar conta desta ordem, não encontra à sua disposição mais do que sentimentos, valores afetivos, ou ideias vagas, como as de contágio e de contaminação. O seu pensamento fica assim dividido entre exigências contraditórias. Assim se explica o paradoxo, bem ilustrado pela história do totemismo, de Bergson estar em melhor posição do que Durkheim para lançar os fundamentos de uma verdadeira lógica sociológica, e de a psicologia de Durkheim, tanto quanto a de Bergson mas de maneira simétrica e inversa, ter de fazer apelo ao informulado.

Até aqui, o processo bergsoniano apareceu-nos feito de sucessivas retrações: como se, obrigado a interromper perante as objeções, postas pela sua tese, Bergson tivesse sido encurralado, de costas contra a verdade do totemismo. Porém, esta interpretação não chega ao fundo, porque poderia ser que a clarividência de Bergson tivesse razões positivas e mais profundas. Se soube, melhor do que os etnólogos, ou antes deles, compreender certos aspectos do totemismo, não será que o seu pensamento testemunha curiosas analogias com o de vários povos ditos primitivos que vivem ou viveram de dentro o totemismo?

Para o etnólogo, a filosofia de Bergson evoca irresistivelmente a dos índios Sioux, e ele mesmo poderá ter notado a semelhança, já que leu e meditou as *Formes élémentaires de la vie réligieuse*. De facto, Durkheim reproduz aí (pp. 284-5) uma glosa de um sábio Dakota que formula, numa linguagem próxima da *Evolution Créatrice*, uma metafísica comum a todo o mundo Sioux, dos Osage no Sul até aos Dakota no Norte, e segundo a qual as coisas e os seres não são mais do que as formas fixas da continuidade criadora. Citamos, a partir da fonte americana:

«Cada coisa, ao mover-se, num momento ou noutro, aqui e ali, marca um tempo de paragem. A ave que voa para um lugar para fazer o seu ninho, num outro para repousar. O homem em marcha para quando quer. Assim, o deus parou. O Sol, tão brilhante e magnífico, foi um lugar em que ele parou. A Lua, as estrelas, o vento, são lugares onde esteve. As árvores, os animais, todos são pontos seus de paragem, e o índio pensa nestes lugares e dirige-lhes as suas preces, para que atinjam o local em que deus parou, e obtenham ajuda e bênção» (DORSEY, p. 435).

Para sublinhar melhor a aproximação, cita-se sem transição o parágrafo das *Deux Sources* em que Bergson resume a sua metafísica:

«Uma grande corrente de energia criadora lança-se na matéria para aí obter tudo o que pode. Parou na maioria dos pontos; estas paragens traduzem-se aos nossos olhos em equivalentes aparições de espécies vivas, isto é, de organismos em que o nosso olhar, essencialmente analítico e sintético, adivinha uma multidão de elementos que se coordenam para realizar uma multiplicidade de funções; o trabalho de organização, contudo, não é mais do que a própria paragem, ato simples, análogo ao enterrar do pé que determina que, instantaneamente, milhares de grãos de areia se conjuguem para dar um desenho» (BERGSON, p. 221).

Os dois textos recobrem-se tão exatamente, que, sem dúvida, parecerá menos arriscado, depois de os ter lido, admitir que Bergson pôde ter compreendido o que se esconde por detrás do totemismo, porque o seu próprio pensamento estava, sem que ele o soubesse, em simpatia com os das populações totémicas. O que é que apresentam ambos de comum? Parece que o parentesco resulta de um mesmo desejo de apreensão global desses dois aspetos do real, que o filósofo designa pelo nome de *contínuo* e de *descontínuo*; de uma recusa comum de escolher entre os dois; e de um mesmo esforço para fazer deles duas perspetivas complementares que conduzem à mesma verdade ([15]). Embora poupando considerações metafísicas que seriam

---

([15]) A analogia merecia ser aprofundada. A língua Dakota não possui palavra para designar o tempo, mas sabe exprimir, de modos variados, maneiras de

estranhas ao seu temperamento, Radcliffe-Brown seguiu a mesma via, quando reduziu o totemismo a uma forma particular de uma tentativa universal, para conciliar *oposição* e *integração*. Este encontro entre um etnógrafo de campo, admiravelmente sabedor da maneira como pensam os selvagens, e um filósofo de gabinete, mas que sob certos aspetos pensa como um selvagem, não podia realizar-se senão num ponto fundamental, e que convinha assinalar.

Radcliffe-Brown tem um antecessor mais longínquo e apenas menos inesperado, na pessoa de Jean-Jacques Rousseau. É claro que Rousseau sentia pela etnografia um fervor muito mais militante do que Bergson. Mas, além de os conhecimentos etnográficos serem ainda muito reduzidos no século XVIII, o que torna mais espantosa a clarividência de Rousseau é que ela precede, de vários anos, as primeiras noções sobre o totemismo. Recorde-se que estas foram introduzidas por Long, cujo livro data de 1791, enquanto o *Discours sur l'origine de l'inégalité* data de 1754. Porém, como Radcliffe-Brown e Bergson, Rousseau vê na apreensão pelo homem da estrutura «específica» do mundo animal e vegetal a fonte das primeiras operações lógicas e, subsequentemente, de uma diferenciação social que não pode ser vivida senão com a condição de ser concebida.

O *Discours sur l'origine et les fondements de l'inégalité parmi les hommes* é, sem dúvida, o primeiro tratado de antropologia geral que conta a literatura francesa. Rousseau coloca aí, em termos quase modernos, o problema central da antropologia, que é o da passagem da natureza à cultura. Mais avisado do que Bergson, abstém-se de evocar o instinto, que, sendo da ordem da natureza, não poderia permitir-se ultrapassá-la. Antes de o homem se tornar num ser social, o instinto de procriação, «inclinação cega [...] não produzia senão um ato puramente animal».

A passagem da natureza à cultura teve por condição o crescimento demográfico; mas este não agiu diretamente e como uma causa natural. Coagiu, primeiro, os homens a diversificarem as suas maneiras de

---

estar na duração. Para o pensamento Dakota, com efeito, o tempo reduz-se a uma duração em que a medida não intervém: é um bem disponível e sem limite (MALAN e MCCONE, p. 12).

viver para poderem subsistir em meios diferentes, e a multiplicarem as suas relações com a natureza. Mas, para que esta diversificação e esta multiplicação pudessem levar a transformações técnicas e sociais, era necessário que se tornassem, para o homem, objeto e meio de pensamento:

> «Esta aplicação reiterada dos diversos seres a si mesma, e de uns aos outros, teve naturalmente de engendrar no espírito do homem a perceção de certas relações. Estas relações que expressamos pelas palavras grande, pequeno, forte, fraco, rápido, lento, medroso, corajoso, e outras ideias semelhantes, comparadas à necessidade e quase sem se darem conta, acabaram por produzir nele uma espécie de reflexão, ou melhor, uma prudência maquinal que lhe indicava as precauções mais necessárias para a sua segurança» (ROUSSEAU [1], p. 63).

A última parte da citação não se explica como um pesar: no pensamento de Rousseau, cautela e curiosidade ligam-se como duas faces da atividade intelectual. Quando reina o estado de natureza, ambas faltam ao homem, porque ele «se entrega exclusivamente ao sentimento da sua existência atual». De resto, para Rousseau, a vida afetiva e a vida intelectual opõem-se da mesma maneira que a natureza e a cultura: entre estas, toda a distância que vai «das puras sensações aos mais simples conhecimentos». Isto é tão verdadeiro, que se encontra por vezes na sua escrita, em oposição ao estado de natureza não o estado de sociedade mas «o estado de raciocínio» (loc. cit., pp. 41, 42, 54).

O aparecimento da cultura coincide portanto com o nascimento do intelecto. Por outro lado, a oposição do contínuo e do descontínuo, que parece irredutível no plano biológico, já que se exprime aí na serialidade dos indivíduos no seio da espécie, e na heterogeneidade das espécies entre si, é ultrapassada no seio da cultura, que assenta na aptidão do homem a aperfeiçoar-se:

> «[...] faculdade que [...] reside em nós, tanto na espécie quanto no indivíduo; enquanto um animal é, ao fim de alguns meses, o que será toda a vida, e a sua espécie, ao fim de mil anos, o que já era no primeiro desses mil anos» (ROUSSEAU [1], p. 40).

De que maneira deve então conceber-se, primeiro, a tripla passagem (que na verdade é uma só) da animalidade à humanidade, da natureza à cultura, e da afetividade à intelectualidade, depois essa possibilidade de aplicação do universo animal e vegetal sobre a sociedade, já concebida por Rousseau, e na qual encontramos a chave do totemismo? Porque, ao separar radicalmente os termos, expomo-nos (como Durkheim aprenderá mais tarde) a nunca mais compreender a sua génese.

Mantendo sempre as distinções, a resposta de Rousseau consiste em definir a condição natural do homem no meio do único estado psíquico cujo conteúdo é indissociavelmente afetivo e intelectual, de que a tomada de consciência é suficiente para converter um plano no outro: a piedade, ou como também diz Rousseau, a identificação com os outros, correspondendo a dualidade dos termos, até certo ponto, à dualidade de aspeto. É porque se experimenta primitivamente idêntico a todos os seus semelhantes (entre os quais tem de se incluir os animais, afirma expressamente Rousseau) que o homem adquirirá, em seguida, a capacidade de *se* distinguir como *os* distingue, quer dizer, de tornar a diversidade das espécies suporte conceptual da diferenciação social.

Esta filosofia da identificação original com todos os outros está o mais longe que se pode conceber do existencialismo sartreano, que retoma a este respeito a tese de Hobbes. Ela leva, de resto, Rousseau a hipóteses singulares: por exemplo, a nota 10 do *Discours*, em que sugere que os orangotangos e outros macacos antropoides da Ásia e da África poderiam ser homens, abusivamente confundidos com o reino animal pelos preconceitos dos viajantes. Mas permite-lhe também formar uma visão extraordinariamente moderna da passagem da natureza à cultura, fundada, como se viu, na emergência de uma lógica que opera por meio de oposições binárias, e coincidindo com as primeiras manifestações do simbolismo. A apreensão global dos homens e dos animais como seres sensíveis, em que a identificação consiste, comanda e precede a consciência das oposições: primeiro, entre propriedades lógicas concebidas como partes integrantes do campo, depois, e no seio do próprio campo, entre «humano» e «não-humano». Ora, para Rousseau, esse é o caminho mesmo da linguagem: a sua origem não está nas necessidades, mas nas paixões, donde resulta que a primeira linguagem deva ter sido figurada:

> «Como os primeiros motivos que fizeram falar o homem foram paixões, as suas primeiras expressões foram Tropos. A linguagem figurada foi a primeira a nascer, e o sentido próprio foi o último a aparecer. Só se chamaram as coisas pelo seu verdadeiro nome depois de terem sido vistas na sua forma verdadeira. No princípio, só se falava por poesia; só muito tempo depois se decidiu raciocinar» (ROUSSEAU [2], p. 565).

Portanto, havia termos envolventes, que confundem numa espécie de sobrerrealidade os objetos de perceção e as emoções que eles suscitam, que precederam a redução analítica ao sentido próprio. A metáfora, de que sublinhamos repetidamente o papel que ocupa no totemismo, não é um embelezamento tardio da linguagem, mas um dos seus modos fundamentais. Posta por Rousseau no mesmo plano que a oposição, constitui, do mesmo modo, uma forma primeira do pensamento discursivo.

Que um ensaio intitulado *O Totemismo Hoje* termine com considerações retrospetivas, constitui uma espécie de paradoxo. Mas este não é senão um aspeto dessa ilusão totémica que uma análise mais rigorosa dos factos que lhe serviram de primeiros suportes permite dissipar, e de que a parte de verdade que ela dissimula sobressai melhor no passado do que no presente. Porque a ilusão totémica consiste antes de mais em que um filósofo que ignora a etnologia, como Bergson, e outro, que viveu numa época em que a noção de totemismo não tomara ainda forma, tenham podido, antes dos especialistas contemporâneos, e, no caso de Rousseau antes mesmo da «descoberta» do totemismo, penetrar na natureza de crenças e costumes que lhes eram pouco familiares, ou de que ninguém tinha ainda procurado estabelecer a realidade.

Sem dúvida, o êxito de Bergson é uma consequência indireta dos seus preconceitos filosóficos. Tão preocupado quanto os seus contemporâneos em legitimar valores, difere deles ao traçar os seus limites no seio do pensamento normal do homem branco, em vez de os colocar nas suas imediações. A lógica das distinções e das oposições cabe por isso ao selvagem e à «sociedade fechada», uma vez em que a filosofia bergsoniana lhe confere um posto inferior, em relação a outros modos de conhecimento: a verdade ganha, se assim se pode dizer, transversalmente.

Mas o que importa para a lição que queremos tirar é que Bergson e Rousseau tenham conseguido regressar aos fundamentos psicológicos de instituições exóticas (no caso de Rousseau, sem suspeitar da sua existência), por um trabalho em interioridade, quer dizer, experimentando neles próprios modos de pensamento, apreendidos fora, antes, ou simplesmente imaginados. Demonstram assim que qualquer espírito de homem é um lugar de experiência virtual, para controlar o que se passa em espíritos de homens, sejam quais forem as esperanças que os separam.

Pela bizarria que se lhes emprestava, e que as interpretações dos observadores e as especulações dos teóricos ainda exageravam, o totemismo serviu, num certo momento, para reforçar a tensão exercida sobre as instituições primitivas para as afastar das nossas, o que era particularmente oportuno no caso dos fenómenos religiosos, em que a aproximação teria mostrado afinidades manifestas. Porque foi a obsessão das coisas religiosas que fez meter o totemismo na religião, afastando-o o mais possível, caricaturando-o se necessário, das religiões ditas civilizadas, com medo de que estas se dissolvessem em contacto com ele; a menos que, como na experiência de Durkheim, a combinação resultasse num novo corpo, desprovido das propriedades iniciais quer do totemismo quer da religião.

Mas as ciências, mesmo as humanas, não podem operar eficazmente senão sobre ideias claras, ou que se esforçam por tornar claras. Se se pretende constituir a religião numa ordem autónoma, pertencente a um estudo particular, tem de se retirá-la dessa espécie comum dos objetos de ciência. Ao definir a religião por contraste, resultará inevitavelmente que, aos olhos da ciência, ela não se distingue senão como o reino das ideias confusas. A partir daí, qualquer tentativa que vise ao estudo objetivo da religião será obrigada a escolher outro terreno que não o das ideias, já desnaturado e apropriado pelas pretensões da antropologia religiosa. Só ficarão abertas as vias da aproximação afetiva — senão orgânica — e sociológica, que não fazem mais do que rodear os fenómenos.

Inversamente, se se atribui às ideias religiosas o mesmo valor que a não importa qualquer outro sistema conceptual, que é permitir o acesso ao mecanismo do pensamento, a antropologia religiosa será validada nas suas tentativas, mas perderá a sua autonomia e especificidade.

Foi o que vimos acontecer no caso do totemismo, cuja realidade se reduz a uma ilustração particular de certos modos de reflexão. É evidente que se manifestam aí sentimentos, mas de modo subsidiário, como resposta às lacunas e às lesões de um corpo de ideias que não chega nunca a um fim. O pretenso totemismo é da ordem do entendimento, e as exigências a que responde, o modo como procura satisfazê-las, são antes de tudo de ordem intelectual. Neste sentido, nada tem de arcaico ou longínquo. A sua imagem é projetada, não recebida; não retira do exterior a sua substância. Porque, se a ilusão recobre uma parcela de verdade, esta não está fora de nós, mas em nós.

BIBLIOGRAFIA

A bibliografia do totemismo é enorme. Abaixo estão só os títulos citados no presente trabalho.

ANTHROPOS, *Das Problem des Totemismus*, t. IX, X, XI, 1914–1916.
BERGSON (H.), *Les Deux Sources de la morale et de la religion*, 164.ª ed., Paris, 1967.
BEST (E.), Maori Religion and Mythology, *Dominion Museum*, Boletim n.º 10, secção I, Wellington, 1924.
BOAS (F.), ed., [1] *General Anthropology*, Boston, Nova Iorque, Londres, 1938.
BOAS (F.), [2] The Origin of Totemism, *American Anthropology*, vol. 18, 1916.
COMTE (A.), *Cours de Philosophie positive*, 6 vol. Paris, 1908.
CROSSE-UPCOTT (A. R. W.), Social Aspects of Ngindo Bee-Keeping, *Journal of the Royal Anthropological Institute*, vol. 86, parte II, 1956.
CUOQ (J. A.), *Lexique de la langue algonquine*, Montréal, 1886.
DORSEY (J. O.), a Study of Siouan Cults, XIth *Annual Report (1889–1890)*, Bureau of American Ethnology, Washington, 1894.
DUMEZIL (G.), *Loki*, Paris, 1948.
DURKHEIM (E.), *Les formes élémentaires de la vie réligieuse*, 5.ª ed., Paris, 1968.
ELKIN (A. P.), [1] Studies in Australian Totemism. Sub-section, Section and Moiety Totemism, *Oceania*, vol. 4, n.º 1, 1933–1934.
ELKIN (A. P.), [2] Studies in Australian Totemism. The Nature of Australian Totemism, *Oceania*, vol. 4, n.º 2, 1933–1934.
ELKIN (A. P.), [3] *The Australian Aborigines*, 3.ª ed., Sídnei-Londres, 1954.

EVANS-PRITCHARD (E. E.), [1] Zande Totems, *Man*, vol. 56, n.° 110, 1956.
EVANS-PRITCHARD (E. E.), [2] Zande Clan Names, *Man*, vol. 56, n.° 52, 1956.
EVANS-PRITCHARD (E. E.), [3] *Nuer Religion*, Oxford, 1956.
EVANS-PRITCHARD (E. E.), [4] Preface to: R. HUERTE, *Death and the Right Hand*, Londres, 1960.
FIRTH (R.), [1] Totemism in Polynesia, *Oceania*, vol. I, n.ºs 3 e 4, 1930–1931.
FIRTH (R.), [2] *Primitive Polynesian Economy*, Londres, 1939.
FIRTH (R.), [3] *History and Tradition of Tikopia*, Wellington, 1961.
FORTES (M.), *The Dynamics of Clanship amoung the Tallensi*, Oxford, 1945.
FRAZER (J. G.), *Totemism and Exogamy*, 4 vols., Londres, 1910.
FREUD (S.), *Totem et Tabou*, trad. francesa, Paris, 1924.
GOLDENWEISER (A. A.), [1] Totemism, an Analytical Study, *Journal of American Folklore*, vol. XXIII, 1910.
GOLDENWEISER (A. A.), [2] Form and Content in Totemism, *American Anthropologist*, vol. 20, 1918.
Handbook of American Indians, North of Mexico, Bureau of American Ethnology, Smithsonian Institution, Bol. 30, 2 vols., Washington, 1907–1910.
HILGER (Sister M. I.), Some early customs of the menomini Indians, *Journal de la Société des Américanistes*, t. XLIX, Paris, 1960.
JAKOBSON (R.) e HALLE (M.), *Fundamentals of Language*, 'S-Gravenhage, 1956.
JENNESS (D.), The Ojibwa Indians of Parry Island. Their Social and Religions Life, *Bulletin of the Canada Department of Mines*, n.° 78, Otava, National Museum of Canada, 1935.
KINIETZ (W. V.), Chippewa Village. The Story of Katikitegon, *Cranbook Institute of Science*, Detroit, Bol. n.° 25, 1947.
KROEBER (A. L.), [1] *Anthropology*, Nova Iorque, 1923.
KROEBER (A. L.), [2] *Anthropology*, nova edição, Nova Iorque, 1948.
KROEBER (A. L.), Totem and Taboo: an Ethnological Psychoanalysis (1920), in *The Nature of Culture*, Chicago, 1952.
KROEBER (A. L.), [4] Totem and Taboo in Retrospect (1939), in *The Nature of Culture*, Chicago, 1952.
LANDES (R.), Ojibwa Sociology, *Columbia University Contribution to Anthropology*, vol. XXIX, Nova Iorque, 1937.

LANE (B. S.), Varieties of Cross-Cousin mariage and Incest Taboos: Structure and Causality, in: Dole e Carneiro, eds., *Essays in the Science of Culture in Homos of Leslie A. White*, Nova Iorque, 1960.

LÉVI-STRAUSS (C.), *Les Structures Élémentaires de la Parenté*, Paris, 1949.

LINTON (R.), Totemism and the A. E. F., *American Anthropologist*, vol. 26, 1924.

LONG (J. K.), *Voyages and Travels of an Indian Interpreter and Trader* (1971), Chicago, 1922.

LOWIE (R. H.), [1] *Traité de Sociologie primitive*, trad. francesa, Paris, 1935.

LOWIE (R. H.), [2] *An Introduction to Cultural Anthropology*, Nova Iorque, 1934.

LOWIE (R. H.), [3] *Social Organization*, Nova Iorque, 1948.

LOWIE (R. H.), [4] On the Principle of Convergence in Ethnology, *Journal of American Folklore*, vol. xxv, 1912.

MCCONNEL (U.), The Wik-Munkan Tribe of Cape-York Peninsula, *Oceania*, vol. I, n.[os] 1 e 2, 1930–1931.

MCLENNAN (J. F.), The Worship of Animais and Plants, *The Fortnightly Review*, Londres, vol. 6, 1869 e vol. 7, 1870.

MALAN (V. D.) e MCCONE (R. Clyde), The Time Concept Perspective and Premise in the Socio-Cultural Order of the Dakota Indians, *Plains Anthropologist*, vol. 5, 1960.

MALINOWSKI (B.), [1] *Magic, Science and Religion*, Boston, 1948.

MALINOWSKI (B.), [2] *The Sexual Life of Savages in North-Western Melanesia*, Nova Iorque, Londres, 2 vols., 1929.

MICHELSON (T.), Explorations and Field-Work of the Smithsonian Institution in 1925, *Smithsonian miscellaneous Collections* vol. 78, n.° 1, Washington, 1926.

MURDOCK (G. P.), *Social Structure*, Nova Iorque, 1949.

Notes and Queries on Anthropology, 6.ª ed., Londres, 1951.

PIDDINGTON (R.), *An Introduction to Social Anthropology*, 2 vols., vol. 1, Edimburgo-Londres, 1950.

PRYTZ-JOHANSEN (J.), *The Maoriand his Religion*, Copenhaga, 1954.

RADCLIFFE-BROWN (A. R.), [1] The Social Organization of Australian Tribes, *Oceania*, vol. 1, 1930–1931.

RADCLIFFE-BROWN (A. R.), [2] The Sociological Theory of Totemism (1929), in *Structure and Function in Primitive Society*, Glencoe, III, 1952.

RADCLIFFE-BROWN (A. R.), [3] Taboo (1939), in *Structure and Function in Primitive Society*, Glencoe III, 1952.

RADCLIFFE-BROWN (A. R.), [4] the Comparative Method in Social Anthropology. Huxley Memorial Lecture for 1951, *Journal of the Royal Anthropological Institute*, vol. 81, partes I e II, 1951 (Publicado em 1952). (Republicado em: *Method in Social Anthropology*, Chicago, 1958, Cap. V.)

RIVERS (W. H. R.), *The History of Melanesian Society*, 2 vols., Cambridge, 1914.

ROUSSEAU (J. J.), [1] *Discours sur l'origine et les fondements de l'inégalité parmi les hommes*, Oeuvres Mêlées, nouv. éd., Londres, 1776, t. II.

ROUSSEAU (J. J.), [2] *Essai sur l'origine des langues*, Oeuvres posthumes, Londres, 1783, t. II.

SPENCER (B.) e GILLEN (F. J.), *The Northern Tribes of Central Australia*, Londres, 1904.

STANNER (W. E. H.), Muzinhata Kinship and Totemism, *Oceania*, vol. 7, n.º 2, 1936–1937.

STREHLOW (T. G. H.), *Aranda Traditions*, Melbourne, 1947.

THOMAS (N. W.), *Kinship Organizations and Group Mariage in Australia*, Cambridge, 1906.

TYLOR (E. B.), Remarks on Totemism, *Journal of the Royal Anthropological Institute*, vol. I, 1899.

VAN GENNEP (A.), *L'Etat actuel du problème totémique*, Paris, 1920.

WARNER (W. L.), *A Black Civilization*, Edição revista, Nova Iorque, 1958.

WARREN (W.), *History of the Ojibwas, Minnesota Historical Collections*, Saint-Paul, vol. 5, 1885.

ZELENINE (D.), *Le culte des idoles en Sibérie*, trad. francesa, Paris, 1952.

ÍNDICE

INTRODUÇÃO 9

CAPÍTULO I – A ILUSÃO TOTÉMICA 23

CAPÍTULO II – O NOMINALISMO AUSTRALIANO 41

CAPÍTULO III – OS TOTEMISMOS FUNCIONALISTAS 65

CAPÍTULO IV – NA DIREÇÃO DO INTELECTO 81

CAPÍTULO V – O TOTEMISMO DO INTERIOR 101

BIBLIOGRAFIA 115

PERSPETIVAS DO HOMEM

1. *A Construção do Mundo*, Marc Augé
2. *Os Domínios do Parentesco*, Marc Augé
3. *Antropologia Social*, E. E. Evans--Pritchard
4. *Antropologia Económica*, François Pouillon
5. *O Mito do Eterno Retorno*, Mircea Eliade
6. *Introdução aos Estudos Etno-Antropológicos*, Bernardo Bernardi
7. *Tristes Trópicos*, Claude Lévi-Strauss
8. *Mito e Significado*, Claude Lévi--Strauss
9. *A Ideia de Raça*, Michael Banton
10. *O Homem e o Sagrado*, Roger Caillois
11. *Guerra, Religião, Poder*, P. Clastres, M. Gauchet, A. Adler, J. Lizot et al.
12. *O Mito e o Homem*, Roger Caillois
13. *Antropologia: Ciência das Sociedades Primitivas*, J. Copans, S. Tornay, M. Godelier e C. Backés-Clement
14. *Os Horizontes da Antropologia*, Maurice Godelier
15. *Críticas e Políticas da Antropologia*, Jean Copans
16. *O Gesto e a Palavra I – Técnica e Linguagem*, André Leroi-Gourhan
17. *As Religiões da Pré-História*, André Leroi-Gourhan
18. *O Gesto e a Palavra II – A Memória e os Ritmos*, André Leroi-Gourhan
19. *Aspectos do Mito*, Mircea Eliade
20. *Evolução e Técnicas I – O Homem e a Matéria*, André Leroi-Gourhan
21. *Evolução e Técnicas II – Meio e Técnicas*, André Leroi-Gourhan
22. *Os Caçadores da Pré-História*, André Leroi-Gourhan
23. *As Epidemias na História do Homem*, J.-C. Sournia, J. Ruffié
24. *O Olhar Distanciado*, Claude Lévi--Strauss
25. *Magia, Ciência e Civilização*, Jacob Bronowski
26. *O Totemismo Hoje*, Claude Lévi--Strauss
27. *A Oleira Ciumenta*, Claude Lévi--Strauss
28. *A Lógica da Escrita e a Organização da Sociedade*, Jack Goody
29. *Ensaio sobre a Dádiva*, Marcel Mauss
30. *Magia, Ciência e Religião*, Bronislaw Malinowski
31. *Indivíduo e Poder*, Paul Veyne, J.-P. Vernant, Paul Ricoeur et al.
32. *Mitos, Sonhos e Mistérios*, Mircea Eliade
33. *História do Pensamento Antropológico*, E. E. Evans-Pritchard
34. *Origens*, Mircea Eliade
35. *A Diversidade da Antropologia*, Edmund Leach
36. *Estrutura e Função nas Sociedades Primitivas*, Radcliffe-Brown
37. *Canibais e Reis*, Marvin Harris
38. *História das Religiões*, Maurílio Adriani
39. *Pureza e Perigo*, Mary Douglas
40. *Mito e Mitologia*, Walter Burkert
41. *O Sagrado*, Rudolf Otto
42. *Cultura e Comunicação*, Edmund Leach
43. *O Saber dos Antropólogos*, Dan Sperber
44. *A Natureza da Cultura*, A. L. Kroeber
45. *A Imaginação Simbólica*, Gilbert Durand
46. *Animais, Deuses e Homens*, Pierre Lévêque
47. *Uma Teoria Científica da Cultura*, Bronislaw Malinowski
48. *Signos, Símbolos e Mitos*, Luc Benoist
49. *Introdução à Antropologia*, Claude Rivière
50. *Esboço de uma Teoria Geral da Magia*, Marcel Mauss
51. *O Enigma da Dádiva*, Maurice Godelier
52. *A Ciência dos Símbolos*, René Alleau
53. *Introdução à Teoria em Antropologia*, Robert Layton
54. *Claude Lévi-Strauss*, Catherine Clément
55. *Comunidades Imaginadas*, Benedict Anderson
56. *A Antropologia*, Marc Augé e Jean Paul Colleyn
57. *Intimidade Cultural*, Michael Herzfeld
58. *Antropologia das Religiões*, Lionel Obadia